Du même auteur

Les Mercenaires du Calife
Éditions de La Martinière, 2016

Daech, l'histoire
Éditions de La Martinière, 2016

Les Mystères d'Oradour
Michel Lafon, 2014

David Petraeus
Erick Bonnier, 2013

L'Irak n'existe plus
Éditions du Toucan, 2008

Les Damnés du Prestige
JC Lattès, 2003

Régis Le Sommier

Assad

Éditions
de La Martinière

Conseil éditorial : Litcom

ISBN 978-2-7324-8362-7

« J'ai vu l'histoire s'écrire non pas en fonction de ce qui s'était passé, mais en fonction de ce qui aurait dû se passer. »

George Orwell,
Réflexions sur la guerre d'Espagne, 1942

« Aussi respectable et même juste soit-elle, une cause justifie-t-elle que, pour la défendre, on abolisse le réel à partir du moment où il devient dérangeant, jusqu'à se construire un monde complètement imaginaire ? »

Jean-François Khan, *Marianne*,
7 janvier 2017

Pour Noël Quidu

Les notes présentes dans l'ouvrage renvoient aux références des livres, interviews ou articles cités. Ces références sont regroupées en fin d'ouvrage.

1

Question qui fâche

« Cherchez la femme » et vous trouverez la clef de l'énigme. Ce classique des enquêtes d'Agatha Christie ou de James Ellroy correspond-il à quelque chose dans le cas de Bachar el-Assad ? En tout cas, il fallait bien commencer quelque part... C'est un hasard qui, en décembre 2010, m'a conduit à rencontrer Asma el-Assad. *Paris Match* avait décroché une interview avec la Première dame de Syrie dans le cadre d'une visite en France du couple présidentiel. Le reporter initialement désigné étant tombé malade, j'ai accepté de le remplacer au pied levé. Cette interview me servira de point d'entrée lorsque, plus tard, j'entamerai des démarches pour rencontrer le président syrien. Je n'avais à l'époque qu'une compréhension relative du pays. Je connaissais bien le voisin irakien pour y avoir réalisé plusieurs longs reportages durant la guerre. Mais je percevais surtout la Syrie à travers le prisme du Liban, un pays sur lequel elle s'était longtemps essuyé les pieds au cours de trente ans d'occupation, et avec lequel elle entretenait des relations compliquées depuis qu'il était sorti de ses griffes.

Par une matinée pluvieuse, une veille de week-end, je retrouvai Asma el-Assad à l'hôtel *Bristol*. La direction de ce luxueux palace parisien nous avait réservé une table discrète donnant sur le jardin. Le couple Assad était familier des lieux. Asma portait un tailleur jupe crayon couleur châtaigne, ses ongles courts étaient peints en noir, assortis à son corsage. Elle était très peu maquillée. La veille, le premier contact avec ses conseillers en communication s'était mal passé. « J'ai cru comprendre que vous aviez eu des débats houleux avec certains membres de mon équipe », me dit Asma el-Assad d'entrée de jeu, faisant allusion à une conversation que j'avais eue avec Bouthaina Shaaban, la conseillère politique du président, et qu'on lui avait rapportée. Pour ne pas démarrer sur un quiproquo, j'esquivai : « Des échanges passionnants, vous voulez dire ? » Elle m'interrompit en me fixant d'un air légèrement surpris : « Si vous essayez de me forcer à faire de la politique, je vous avertis que je n'en ai aucunement l'intention. » La « forcer à faire de la politique », cela signifiait l'interroger sur les actes de son mari.

Quelques semaines plus tôt, Bachar el-Assad

avait été désigné comme possible instigateur de l'attentat qui, en 2005 à Beyrouth, avait coûté la vie au Premier ministre libanais Rafic Hariri. N'ayant pas le loisir d'en parler à Bachar lui-même, il me semblait logique d'interroger sa femme à ce sujet. J'avais bien conscience qu'elle et son mari venaient à Paris pour inaugurer un partenariat entre le Louvre et les musées syriens. Ils auraient, à l'évidence, souhaité que l'interview ne déborde pas de ce cadre. Mais il me semblait inconcevable, en tant que journaliste, de rester à la surface, de me contenter d'une conversation feutrée sur les mérites respectifs de nos grandes civilisations et la collaboration prometteuse entre nos pays dans le domaine archéologique. Il existait des sujets autrement sérieux. Celui d'Hariri me paraissait incontournable. Pour me persuader du contraire, Bouthaina Shaaban avait appelé en renfort Michel Samaha, un ex-ministre libanais prosyrien, alors chargé par Damas depuis plusieurs années du rapprochement entre la Syrie et la France. Samaha purge actuellement une peine de treize ans de prison. Quelques mois après mon entretien avec Asma el-Assad, il a été arrêté à Beyrouth après qu'une caméra de surveillance l'a eu filmé en train de charger 70 kilos de TNT dans le coffre de sa voiture… Je ne me déballonnais pas. Shaaban était furieuse. « Ce n'est pas à la Première dame de parler de cela ! » répétait-elle. Je répliquai :

« Elle est une femme intelligente. Elle pourra me dire tout cela elle-même, non ? »

D'un point de vue diplomatique, la conseillère politique n'avait pas tort. L'assassinat de Rafic Hariri était alors la seule zone d'ombre relative au régime syrien, et l'évoquer dans la presse pouvait potentiellement compliquer les relations franco-syriennes. Il ne figurait nulle part à l'agenda de cette visite. J'apparaissais comme l'emmerdeur, le journaliste un peu borné, décidé à briser une lune de miel prometteuse en remuant de vieilles histoires. Sur un ton courtois mais légèrement menaçant, Asma avait ajouté avant le début de l'interview : « Le travail que je fais dans la culture, sur le terrain, est le plus important. C'est la raison pour laquelle Bouthaina fait de son mieux pour me tenir éloignée de l'arène politique. Je ne suis pas un politicien, donc je ne parle pas de politique, est-ce clair ? » J'étais prévenu…

La lune de miel avait démarré deux ans et demi plus tôt. Bachar et Asma avaient reçu un traitement royal de la part du président français Nicolas Sarkozy. À ce sujet, Bachar el-Assad me dira que « ces bonnes relations avec la France avaient été voulues par les Américains et les Qataris ». Peu importe la motivation, la volte-face opérée au sujet de la Syrie, jadis classée pays terroriste, était spectaculaire. Le 14 juillet 2008, le couple présidentiel syrien assistait au défilé sur les Champs-Élysées. Ils n'étaient pas les seuls, puisque l'Égyptien Hosni Moubarak et le Tunisien Zine el-Abidine Ben Ali figuraient eux aussi à la tribune. Ces chefs d'État, peu connus pour être de grands démocrates, étaient invités par Nicolas Sarkozy en remerciement de leur participation à son projet d'Union pour la Méditerranée. Puis, en septembre 2008, Sarkozy se rendit à Damas, la première visite d'un président français en six ans. Et en 2010, le couple Assad déjeuna à l'Élysée avec Nicolas Sarkozy et sa femme, Carla Bruni. Claude Guéant, tout sourire sur la photo, était bien sûr de la partie. Car c'est lui qui avait négocié tout cela. La veille de ma rencontre avec Asma, l'Académie diplomatique internationale, un organisme présidé par l'Aga Khan, la recevait en grande pompe à son siège, avenue Hoche à Paris. Dans les mots de bienvenue, Frédéric Mitterrand, le ministre de la Culture de l'époque, ne tarit pas d'éloges sur la Première dame. Avec l'emphase qui le caractérise, il la qualifia de « pont entre l'Europe et le Moyen-Orient ». Asma commença son discours en français puis, s'excusant d'une maîtrise aléatoire de notre langue qui n'était *a priori* pas évidente, elle le poursuivit en anglais. Cet effort méritoire séduisit ses hôtes. L'assemblée était sous le charme. C'était le temps de la « Rose du désert », titre que lui décernerait trois mois plus tard le magazine *Vogue* en publiant un sujet glamour, en famille à Damas, sous la plume de la chroniqueuse de mode Joan Juliet Buck, illustré de clichés pris par le célèbre photojournaliste James Nachtwey[1]. Entre autres anecdotes croustillantes, le couple présidentiel révélait à la journaliste que Brad Pitt et Angelina Jolie leur avaient rendu visite chez eux, à Damas. Alors qu'ils parcouraient en voiture les rues du riche quartier de Malki, avec Bachar au volant, Brad Pitt s'était étonné de l'absence apparente de services de sécurité. Asma avait alors désigné une petite vieille qui traversait la rue, puis un grand-père. En plaisantant, elle avait expliqué à la star américaine que c'étaient eux, leurs gardes du corps. Asma voulait dire que le peuple syrien tout entier les protégeait.

Asma el-Assad a toujours su tirer parti avantageusement de son éducation anglaise comme de son identité syrienne. En général, elle utilise la première pour faire la promotion de la seconde. Avant de rencontrer Bachar el-Assad, elle a vécu vingt-cinq années à Londres, où elle est née. Originaire d'une famille bourgeoise sunnite établie à Homs, elle représente pour son mari, dont l'origine est alaouite, une caution plus qu'utile vis-à-vis du groupe qui compose plus de 70 % de la population syrienne. Néanmoins, à son époque londonienne, elle se faisait appeler

« Emma », preuve qu'elle souhaitait coller le plus possible à la société britannique. Après des études à la Church of England School puis au King's College, elle intégra la branche « fusions et acquisitions » de la banque d'affaires JPMorgan et entama un MBA à la Harvard Business School. En ce sens, Asma el-Assad n'était pas bien différente d'une Rania de Jordanie dont la connaissance des codes occidentaux a fait la meilleure ambassadrice de son pays.

Lorsqu'à la mort de son frère Bassel, en 1994, Bachar avait été rappelé par son père en Syrie pour lui succéder, Asma avait logiquement suivi son futur mari. Au cours de l'interview, je lui demandai si cela avait été un déchirement. Elle me répondit : « Lorsque je suis rentrée, je n'ai jamais pensé que je partais vivre dans un endroit inconnu. Pour moi, c'était comme si je retournais à la maison. Je parlais la langue, je vivais dans la culture syrienne et j'étais consciente de l'héritage. La seule différence, c'est qu'en Angleterre, j'étais célibataire, alors qu'en Syrie, j'étais mariée[2]. » Il est intéressant de noter que souvent, Asma revendique son autonomie. « Je ne pense pas que mon mari ait un problème d'image, m'affirma-t-elle. Il n'a pas besoin de moi ni de personne pour améliorer son image. Mais l'image peut être fausse et construite, ou elle peut être vraie. J'essaye de m'attacher à la vérité. Je pars de là pour envisager ce qui doit changer dans mon pays. En ce sens, je crois que mon mari et moi, nous nous complétons. »

En ce mois de décembre 2010, pas un coup de feu n'avait encore été tiré en Syrie. En réécoutant ce que me disait alors Asma, je réalise qu'elle semblait n'avoir pas la moindre idée du chaos dans lequel son pays allait sombrer : « Historiquement, nous avons intégré toutes sortes de populations, disait-elle. Nous puisons notre force dans cette diversité. » Pour finir, je posai quand même la question sur l'assassinat d'Hariri. Elle sourit poliment. Comme prévu, elle ne souhaitait pas y répondre. Mais pour conclure sur une note positive et en finir avec les fâcheries, elle m'invita à prendre le thé à Damas. Je ne l'ai jamais revue.

Asma el-Assad ne se doutait pas qu'il s'agissait de son dernier voyage en France. Le soir de notre rencontre, elle dînait en tête à tête avec son mari au restaurant *La Coupole*, à Montparnasse. Un photographe de l'AFP, Miguel Medina, avait été autorisé à immortaliser la scène. Parfois j'y repense lorsque je passe dans le coin. Je les revois assis à une table, entre les colonnes vert pâle décorées autrefois par les peintres de la bohème, Vassilieff, Matisse, Léger ou Kisling. Bachar portait une veste grise, un pantalon en flanelle et un pull en cachemire de la même couleur.

Asma avait opté pour une veste noire et un pull orné de broderies dorées. Un serveur leur avait servi de l'eau pétillante dans des verres à vin. Visiblement, le couple venait à peine de s'asseoir. Ils allaient savourer un bon repas dans un grand restaurant parisien. Asma avait l'air détendu. Bachar, lui, semblait un peu contrarié. Ce cliché représente pour moi le bord du précipice, la seconde avant le big bang. Je me suis toujours demandé si, au contraire de sa femme, à cet instant, Bachar se doutait de ce qui allait se passer en Syrie.

2

Un président malgré lui

Bachar el-Assad n'avait pas vocation à devenir président, et encore moins à vivre reclus dans son pays pendant six longues années de guerre. Dans les années 1980, après avoir suivi des études de médecine en Syrie, il a passé deux années en Angleterre, à Londres, afin de poursuivre une spécialisation d'ophtalmologiste puis d'exercer cette profession à l'hôpital St Mary, dans le quartier de Marylebone. Il dit avoir fait le choix de ce métier parce que « c'est une médecine très précise, qui ne se fait presque jamais dans l'urgence et dans laquelle il n'y a que très peu de sang ». Par son éducation, français en première langue, anglais en seconde, il possède un solide contact avec l'Occident. À l'époque où il vivait à Londres, il était venu faire un stage chez un ophtalmologiste parisien. Dans un premier temps, ce dernier avait donné son accord pour me recevoir. Puis il s'est ravisé. Bachar el-Assad fait peur. C'est donc par le biais d'une de ses patientes que j'ai pu recueillir quelques impressions à propos du jeune stagiaire. « Il était déjà médecin, lui a-t-il dit. C'était il y a environ vingt-cinq ans. Il parlait très bien français. Il arrivait de Londres, où il vivait, et résidait à Paris, chez son oncle Rifaat. » Et quoi d'autre ? C'est tout ? Oui, bien sûr, « il était timide, parlait peu ». Comme souvent, tant à l'étranger qu'en Syrie, ceux qui l'ont rencontré avant qu'il ne devienne président peinent à se souvenir de quoi que ce soit de particulier à son égard. L'ophtalmologiste livre d'ailleurs très vite son opinion sur ce que, selon lui, Assad est devenu : « Je n'arrive pas à comprendre qu'un médecin gaze sa population. Un médecin est quelqu'un qui fait des études pour soigner. »

À ma connaissance, aucun autre leader au monde n'a connu une telle déchéance. Aucun ne s'est retrouvé au ban des nations aussi rapidement alors qu'auparavant on lui déroulait le tapis rouge. L'exemple de la visite parisienne décrite au chapitre précédent est édifiant. Jadis, j'avais trouvé suspect le caractère rapide et brutal de l'ostracisme venu frapper Saddam Hussein et Mouammar Kadhafi, conduisant à leur élimination avec les conséquences que l'on connaît. Ces dictateurs étaient de parfaits sanguinaires. Ils n'étaient en rien fréquentables, mais on les courtisait parce que longtemps, ils avaient servi nos intérêts.

Ils avaient eu les faveurs de George Bush père et fils, Bill Clinton, Jacques Chirac ou Nicolas Sarkozy, et jamais l'ampleur de leurs crimes – gazages des Kurdes, massacres des chiites ou, en Libye, persécution des opposants – n'avait influé sur l'opinion que nos leaders émettaient sur leurs alliés régionaux. C'était l'époque de la Realpolitik, un temps « kissingérien » qui remisait très loin la morale et les valeurs. Puis vint le moment où tout a basculé – invasion du Koweït et armes de destruction massive pour l'un, révolte populaire à Benghazi pour l'autre – et où l'allié fidèle, bouclier contre l'Iran pour Saddam, gardien de la frontière sud de l'Europe pour Kadhafi, s'est brusquement transformé en Hitler arabe.

Si l'on doit chercher une faute originelle dans le drame syrien, on la trouvera certainement du côté de Bachar el-Assad. Son attitude au début des troubles qui ont plongé son pays dans la guerre civile n'est pas des plus avisées – c'est le moins qu'on puisse dire. L'insurrection commence en mars 2011 dans la ville de Deraa, au sud du pays, à quelques kilomètres de la frontière jordanienne. « Deraa est très pauvre. Elle réunit tout ce qui pose problème en Syrie : une économie en faillite, une explosion démographique, un mauvais gouverneur et des forces de sécurité autoritaires », écrit alors Joshua Landis, spécialiste de la Syrie et directeur du centre d'études du Moyen-Orient à l'université d'Oklahoma[3]. La dimension économique est un facteur souvent négligé par les analystes du conflit syrien. Elle est pourtant fondamentale. Sous le vernis de modernité qu'affiche alors la Syrie de Bachar el-Assad, des inégalités sociales ont fleuri à la faveur de la crise qui frappe le pays. Depuis l'indépendance, en 1946, sa population a doublé tous les vingt ans. Impossible de « fixer » cette masse dans les zones rurales. Impossible également de l'absorber dans le tissu urbain. À partir de 2000, l'exode rural s'est accéléré, et entre 2006 et 2011, une sécheresse terrible accentue le phénomène. Le gouvernement n'est pas préparé à faire face à cette crise du monde agricole. En conséquence, à la périphérie des grandes villes, des localités misérables voient le jour. Les classes moyennes désertent des bourgades de taille moyenne comme Deraa, Jisr al-Choghour ou Idlib, et même des villes comme Raqqa, au profit de centres urbains plus riches : Alep, Homs, Hama et surtout Damas. En parallèle, ces villes bénéficient de l'ouverture libérale voulue par Bachar el-Assad. Mais cette nouvelle politique se révèle incapable d'offrir du travail à tout le monde, créant un déséquilibre extrême entre villes et campagnes. Un cinquième de la population se retrouve au chômage. La situation est critique dans le nord du pays et sa capitale économique, Alep. L'extrême pauvreté des campagnes, au regard de la richesse de la plus grande métropole de Syrie, explique bien mieux que les questions confessionnelles ou la lutte contre la dictature les motivations qui pousseront l'insurrection à envahir une partie d'Alep en juillet 2012.

À Deraa, le contexte est plus explosif qu'ailleurs. Et voilà qu'une bande de gamins, inspirés par le mouvement qui, de Tunis au Caire, met le monde arabe en ébullition et chasse les autocrates, se met à taguer sur un mur : *Jay alek el ddor ya doctor !* (Ton tour arrive, Docteur !). Docteur est le surnom de Bachar, en référence à sa profession d'origine. Peut-être est-ce aussi une façon de lui rappeler qu'il n'était pas programmé pour diriger le pays. Le paradoxe est que, bien avant la Tunisie, la Libye ou l'Égypte, un premier Printemps arabe a déjà eu lieu en Syrie – et que Bachar el-Assad y est pour quelque chose. Cela remonte au début des années 2000. Il vient de succéder à son père. Soucieux d'apparaître comme un président moderne et d'imprimer sa marque, il pratique l'ouverture en tolérant des regroupements d'un type nouveau, baptisés *montada*. Ce sont des forums de discussion entre opposants qui se tiennent dans des habitations privées, un peu partout dans le pays. Des éléments du régime y participent aussi, bien que ce soit surtout pour eux un moyen de surveiller ce qui s'y dit. Le *montada* est perçu comme un des signes que Bachar veut faire bouger les choses. Il entend faire entrer la Syrie dans la modernité en encourageant le dialogue. Dans le même temps, il se rapproche des milieux d'affaires, notamment d'un groupe de jeunes entrepreneurs de sa génération. Il décrète vouloir mener une lutte sans pitié contre la corruption, manière habile de se débarrasser du clientélisme des vieux caciques du régime. Il entend pratiquer l'ouverture économique tout en conservant une poigne de fer pour ce qui est de l'exercice du pouvoir. Le style est nouveau, la représentation du pouvoir ancienne, quoi qu'on en dise. Bachar el-Assad aime raconter qu'à la différence de son père, il n'a jamais apprécié de voir ses portraits dans diverses tenues, militaires ou civiles, affichés sur les murs du pays. Il dit avoir demandé qu'il y en ait moins. Depuis les années de guerre, son image est redevenue omniprésente. Aujourd'hui, avec le drapeau syrien que l'on trouve peint sur les devantures des échoppes ou sur tous les plots en béton, ce portrait est une marque territoriale. D'ailleurs, ses opposants adorent marcher ou cracher dessus, ou encore le réduire en miettes lorsqu'ils font une percée sur les terres du régime. Parallèlement, les rebelles syriens ont repris les mêmes techniques de marquage de territoire. À Alep-Est, j'ai pu le constater, les devantures des magasins étaient peintes du drapeau noir, blanc et vert de l'Armée syrienne libre. Dans les zones tenues par l'État islamique, la *Chahada* en lettres blanches sur fond noir s'affichait jusque sur les façades de certains immeubles. En revanche, en six ans de conflit, aucun visage chez ses adversaires n'a réussi à rivaliser avec celui d'Assad qui est resté celui qui incarne la figure du « Zaim », le leader, si importante au Moyen-Orient. C'est bien la preuve qu'aucun leader n'est parvenu, aux yeux de la population, à sortir du lot pour incarner un projet alternatif dans une région où la conception de la politique reste marquée par la permanence de l'homme fort.

En 2000, le vent de liberté ne dure pas. Mis en garde par les composantes les plus dures de son régime, inquiet devant l'élection du faucon Ariel Sharon chez l'ennemi israélien et l'affirmation de sentiments anti-syriens venant du Liban occupé, Assad annonce la fin des réformes. Il reprend la politique traditionnelle de son père. En France, Jacques Chirac, seul leader occidental à avoir assisté aux obsèques d'Hafez à Damas, a pourtant vu d'un bon œil son arrivée au pouvoir. Il se proposait même en privé de devenir son « tuteur ». Le président français avait la manie d'adopter un ton paternaliste vis-à-vis des jeunes leaders. Ce fut le cas avec George W. Bush après son élection en 2000. Chirac, qui s'entendait très bien avec son père, George Bush Senior, prit la fâcheuse habitude de l'appeler pour évaluer les performances du fils lors des sommets internationaux, ce qui avait le don d'agacer prodigieusement le président américain. En 2003, ces rapports personnels aggravèrent grandement la crise entre la France et les États-Unis sur le dossier irakien. L'histoire ne dit pas si Bachar el-Assad apprécie l'attitude bienveillante mais un peu condescendante de Chirac. En tout cas, ce dernier va vite déchanter. D'autant qu'il entretient une relation très étroite avec le nouveau Premier ministre libanais, Rafic Hariri. Les deux hommes se tutoient. L'amitié est sincère, même si elle s'accompagne d'intérêts réciproques bien compris. À l'issue de son mandat, en 2007, Jacques Chirac et son épouse Bernadette s'installeront à Paris, dans un appartement appartenant à la famille Hariri.

Au départ, Hariri et Assad s'entendent eux aussi plutôt bien. Ils ne sont pas de la même génération – Hariri est né en 1944, Assad en 1965 –, mais tous deux accèdent au pouvoir au même moment et représentent, à des degrés divers, l'espoir d'un changement pour leur pays. Bachar el-Assad connaît très bien le « dossier libanais » que son père lui a confié dans les années 1990, avant même qu'il ne devienne président. Les deux pays sont liés par l'histoire (le mandat français) et la géographie, mais au-delà de leurs relations économiques, le Liban intéresse surtout la Syrie en tant que pièce essentielle de son combat ancestral contre Israël, notamment par le biais de la question palestinienne. Au moment de l'accession au pouvoir de Bachar el-Assad, le problème le plus crucial est que depuis 1976, les troupes syriennes occupent le Liban. La crise économique bat son plein et il y a urgence à réformer. Chirac et Hariri s'entendent pour injecter 4 milliards de dollars dans l'économie libanaise, à condition que celle-ci s'ouvre à la privatisation. Les Syriens y voient une menace directe sur la manne financière dont ils tirent profit au Liban. Sans parler du fait que la Syrie traverse elle aussi une crise. Le ton monte entre Hariri et Assad. Le premier se montre méprisant, le second arrogant. En mars 2003, la guerre d'Irak vient mettre ces différends en veilleuse pour un temps. La France s'est opposée au conflit ; elle utilise néanmoins ses liens étroits avec les services syriens pour bloquer les filières de djihadistes qui tentent de rejoindre l'insurrection irakienne. Les *moukhabarat* syriens sont très efficaces et s'entendent parfaitement avec leurs homologues français. La rupture des relations entre la France et la Syrie en 2012 mettra un terme à cette collaboration. Pour faire face à la menace que l'État islamique fait peser sur nous depuis la Syrie, il est certain qu'elle aurait été utile. Alain Juillet, l'ancien directeur du renseignement au sein de la DGSE, ne fait pas mystère de ce sentiment partagé par une partie du monde du renseignement : « À l'époque des conflits en Irak, à celle des otages, m'a-t-il dit, nous avions de bonnes relations, non officielles, avec les services syriens. Ces relations nous ont toujours servi. Brutalement, on coupe les ponts. C'est une absurdité totale. À côté de ça, on va se faire manipuler en aidant des gens, prétendument rebelles, alors qu'en réalité il s'agissait d'équipes d'Al-Qaida poussées par des pays du Golfe[4]. »

Le 14 février 2005, Jacques Chirac vit comme une tragédie familiale l'assassinat de Rafic Hariri devant l'hôtel *Saint-Georges* à Beyrouth. Pour juger les assassins de « l'ami Rafic », il n'aura de cesse de pousser à la création d'un tribunal international. L'Iran et Bachar el-Assad sont montrés du doigt. Entre Paris et Damas, les relations diplomatiques sont interrompues. Elles seront rétablies, on l'a vu, sous la présidence de Nicolas Sarkozy, et ce de façon spectaculaire avec la présence de Bachar el-Assad le 14 juillet 2008 sur les Champs-Élysées.

Revenons à Deraa, au mois de mars 2011, avec ses murs barrés de slogans hostiles au régime et au « Docteur ». C'est la goutte d'eau qui fait déborder le vase syrien. Les forces de sécurité surréagissent à l'affaire des graffitis. Les jeunes tagueurs, dont le plus âgé n'a pas douze ans, sont arrêtés, incarcérés et pour certains torturés. Une foule se rassemble pour exiger leur libération. Les édiles locaux et les représentants des communautés druze et sunnite, majoritaires dans la ville, tentent une médiation qui n'aboutit pas. Une manifestation est organisée. Et là, on ne sait pas très bien ce qui se passe. Se sentant menacé ou de sang froid, un policier fait usage de son arme, suivi par d'autres. Bientôt, on compte six morts, dont une fillette de onze ans. Sur les prémices de la révolte en Syrie, Bachar el-Assad m'affirmera que « dès les premiers jours, il y avait des martyrs dans l'armée et la police. Nous avons donc, dès cette époque, fait face au terrorisme ». Ce qui est certain, c'est que le gouverneur de la ville, Atif Najib, cousin éloigné de Bachar, n'a rien fait pour calmer les esprits. Ses vociférations ont contribué à mettre de l'huile sur le feu. Là où Hafez aurait sans doute congédié ce parent encombrant quitte à faire en parallèle usage de la force, Bachar décide de ne rien faire et de le laisser en place. C'est un encouragement tacite à la révolte. Les manifestations se multiplient. Autre élément déterminant : le programme informatique « Internet pour tous ». Là encore, Bachar est concerné, puisque c'est lui qui a contribué à son développement depuis son retour de Londres. « Internet pour tous » va jouer un rôle considérable dans la suite des événements, en apportant au sein des foyers syriens l'écho des manifestations qui secouent la Tunisie, l'Égypte ou la Libye. Il se révèle également un formidable vecteur de communication pour l'insurrection naissante.

Les obsèques des victimes de la première manifestation sont l'occasion d'un nouveau déferlement de violence. Des vidéos d'enfants tués au cours des émeutes circulent. En solidarité, d'autres manifestations ont lieu un peu partout dans le pays. On peut s'interroger sur la présence, à l'origine, d'éléments radicaux visant à déstabiliser le pouvoir, comme Bachar el-Assad le prétend lorsqu'il évoque des « terroristes ». Aucune preuve tangible ne vient étayer cette thèse. En revanche, dès le 22 mars, Joshua Landis note l'apparition de « slogans confessionnels ». Jusque-là, l'opposition s'en était tenue à « un message modéré de démantèlement de l'état d'urgence, d'une nouvelle loi sur les partis et d'extension des libertés publiques[5] ». Le 25 mars, Damas connaît ses premiers rassemblements. C'est du jamais-vu dans la capitale syrienne. Bientôt, Hama est touchée. Pendant ce temps, à Deraa, le nombre des victimes grimpe en flèche. Bachar se décide à limoger son cousin, le gouverneur – cela n'a que peu d'effets. Dans la foulée, il congédie un autre cousin, Rami Makhlouf, P-DG de Syriatel, un des deux opérateurs téléphoniques de Syrie, suspecté d'enrichissement douteux. Là encore, aucun changement notoire. À Lattaquié, dans le berceau des alaouites, une manifestation dégénère et provoque des morts. Et à Rastane, le fief sunnite du centre du pays, une caserne prend les armes. On peut considérer que la lutte armée a commencé.

Face à ces épreuves, Bachar el-Assad ne montre aucune souplesse. Les prisons syriennes se remplissent d'opposants. Dans le même temps, il fait libérer des islamistes de la prison de Sednaya, au nord de Damas. On interprète parfois ce geste comme une volonté de sa part de radicaliser l'opposition. Il aurait mis au point un plan machiavélique débouchant sur l'émergence de l'État islamique. Mais cette thèse reste très hypothétique. D'abord, les islamistes libérés sont très peu nombreux, deux cent soixante tout au plus. Ensuite, aucun d'entre eux ne tiendra de rôle prééminent dans l'insurrection ni ne rejoindra Daech. Enfin, c'est oublier que, de la Jordanie et l'Arabie saoudite jusqu'à l'Irak et aux États-Unis, d'autres pays ont joué avec le feu en cherchant de la même manière à amadouer les radicaux. Abou Moussab al-Zarqaoui et Abou Bakr al-Baghdadi, respectivement père fondateur et calife de l'État islamique, ne sont pas sortis des geôles syriennes mais jordaniennes pour le premier et américaines pour le second. C'est oublier aussi que par le passé, Bachar el-Assad a déjà fait libérer des figures de l'opposition laïque incarcérées dans la même prison de Sednaya…

Face aux événements qui semblent désormais hors de contrôle, deux camps s'opposent dans l'entourage du président : les adeptes de la manière forte et les partisans du dialogue avec l'opposition.

Le 12 juillet 2012 marque un tournant dans le conflit syrien : les rebelles sont parvenus à placer une bombe au siège de la Sécurité nationale à Damas. Depuis le début du conflit, il s'agit de la plus audacieuse attaque menée au cœur du pouvoir syrien. Le ministre de la Défense est tué sur le coup. Son vice-ministre, Assef Chawkat, beau-frère du président, meurt également. Le clan Assad est ébranlé. Assef Chawkat fut sans conteste le personnage le plus influent dans l'ascension du président. Issu d'une famille de Bédouins de la région de Tartous dans la montagne alaouite, il était parvenu à se hisser, après des études médiocres, au rang d'officier dans l'armée. Le siège de Hama en 1982 lui avait offert l'occasion de se distinguer. Il s'était ensuite spécialisé dans les opérations clandestines contre les ennemis du régime, en Jordanie, en Italie et en Turquie. Hafez el-Assad avait une confiance aveugle en lui, au point de lui confier la protection de sa fille unique, Bouchra. Chawkat en tomba amoureux et souhaitait l'épouser, mais le grand frère de Bachar, Bassel, fit tout ce qui était en son pouvoir pour s'y opposer. À ses yeux, sa propre sœur ne pouvait épouser un homme d'un rang inférieur. Assef Chawkat fut alors jeté en prison. Bachar, qui avait toujours été proche de sa sœur, se posa en médiateur. Finalement, le président céda et le fit libérer. Lorsque, plus tard, Bassel se tua dans un accident de la route, on suspecta un moment Assef Chawkat.

Quand Bachar rentra au pays, Hafez demanda à Assef de préparer la succession. Assef et Bachar devinrent alors inséparables. Mais comme leur aîné disparu, le jeune frère de Bachar, Maher, ne supportait pas l'influence d'Assef Chawkat. Au cours d'une dispute dans l'enceinte même du palais présidentiel, Maher sortit un revolver et lui tira dessus, dans une séquence que ne renieraient pas les Corleone. Assef fut soigné dans un hôpital parisien. Les deux hommes finirent par se réconcilier et lorsque Bachar prit les commandes de la Syrie en 2000, Assef Chawkat devint un des hommes les plus puissants du pays. Il fut notamment l'interlocuteur de Claude Guéant pour préparer le retour en grâce de la Syrie sous la présidence de Nicolas Sarkozy.

Une décennie plus tard, l'attaque du 12 juillet 2012 laisse l'impression que la forteresse gouvernementale est assiégée. J'apprends la nouvelle au moment de quitter Kaboul, dans l'avion du ministre de la Défense Jean-Yves Le Drian que je suis dans sa tournée en Afghanistan. Le Drian et ses conseillers sont sous le choc de la nouvelle. Ils passent une partie du trajet de retour à en discuter entre eux. La mort d'Assef Chawkat change en effet la donne en Syrie, mais pas dans le sens que les conseillers de Le Drian l'imaginaient – en précipitant la fin du régime. Quel que soit le groupe à l'origine de l'attentat, le 12 juillet 2012 signifie l'élimination, au sein du gouvernement syrien, des derniers partisans de la négociation avec les rebelles.

Peu de temps après, Bachar el-Assad invite le Hezbollah à combattre en Syrie aux côtés de son armée. C'est aussi le moment où la Syrie se rapproche de l'Iran. Avant le 12 juillet 2012, le bilan de la guerre en Syrie est déjà de vingt mille victimes. Très rapidement, ce chiffre va être multiplié par dix. En voyant l'Iran s'impliquer dans le conflit, les États arabes sunnites font de la surenchère dans l'aide aux groupes rebelles, y compris, indirectement, à l'État islamique. Ils inondent le pays d'un flot d'équipements militaires et laissent passer les volontaires étrangers pour le djihad. Certaines armes sont même fournies par les puissances occidentales, dont la France. Sur le terrain, la situation s'aggrave dans des proportions gigantesques.

À cette époque, le régime paraît très affaibli. Selon des sources françaises citées par le journal saoudien basé à Londres *Asharq al-Awsat*, le représentant spécial de l'ONU en Syrie, Lakhdar Brahimi, aurait dit à Bachar el-Assad « Vous êtes en train de perdre. L'opposition peut gagner, mais ça sera au prix de la destruction de Damas. » Assad lui aurait répondu : « Non, c'est exactement l'inverse. Je vais finir par gagner et l'opposition va perdre, et ce sera au prix de la destruction de Damas[6]. » Qu'il ait ou non prononcé cette phrase, l'idée est là. Bachar el-Assad n'a jamais eu l'intention de céder sa place…

En août 2013, l'attaque au gaz sarin que l'armée syrienne aurait commise dans la Ghouta près de Damas suscite une réprobation unanime. En réponse à ce franchissement d'une « ligne rouge » définie un an plus tôt par Barack Obama, les puissances occidentales se préparent à frapper la Syrie. La France se tient aux avant-postes de l'attaque. Sur la piste de la base aérienne 126 de Solenzara, en Corse, les Rafale sont prêts à décoller. Mais au dernier moment, à la surprise générale, le président américain choisit de consulter le Congrès américain avant d'entrer en guerre. Cette volte-face – comme, quelques semaines plus tôt, le vote négatif du Parlement britannique – est perçue en France comme un abandon des valeurs humaines élémentaires face à un tyran sanguinaire. On oublie un peu rapidement que par le passé, nos deux alliés se sont engagés dans l'aventure irakienne sur des prétextes fallacieux d'armes de destruction massive, et que le président américain a été élu en grande partie sur sa promesse de sortir l'Amérique des bourbiers afghans et irakiens. Il est vrai aussi que deux ans plus tôt, s'adressant directement à Bachar el-Assad, Barack Obama a fixé cette « ligne rouge » sur l'utilisation d'armes chimiques. Il ne tient donc pas parole. En réalité, les Américains, beaucoup plus pragmatiques que les Français, ont compris que contrairement à ce que leur ambassadeur Robert Ford a vendu au début de la crise, le régime syrien n'est pas près d'être renversé. Obama n'a nullement envie de prendre la tête d'une nouvelle croisade qui, si l'on veut qu'elle soit réellement efficace, nécessitera à un moment ou à un autre un engagement de troupes au sol. Le 31 août 2013, la France se retrouve seule à vouloir frapper. François Hollande reçoit un coup de fil de Barack Obama. Le président français pense que son homologue américain va lui annoncer le début de l'opération. Celle-ci n'aura pas lieu. « Il n'y a pas de coalition internationale en Syrie, pas de majorité au Conseil de sécurité, pas de soutien dans l'opinion, il faut au moins que j'aie l'aval du Congrès car je ne suis pas George W. Bush », explique Barack Obama à un François Hollande qui n'en croit pas ses oreilles [7].

Dès lors, comme sur le dossier du nucléaire iranien, la France va maintenir un jusqu'au-boutisme vertueux, un peu suspect lorsqu'on sait que quel que soit le gouvernement, socialiste surtout, elle n'avait jusqu'ici montré qu'assez peu les crocs pour dénoncer les agissements de la famille Assad. Je pense en particulier à l'attitude du ministre des Affaires étrangères Laurent Fabius. Nos dirigeants s'arc-boutent dans la posture de l'intransigeance. Le président syrien est à leurs yeux l'ennemi du monde, un monstre qui tue son peuple. « Bachar el-Assad ne devrait pas avoir sa place sur terre », dira Fabius. François Hollande n'est pas loin de penser la même chose. Cette obsession les fait passer à côté, du moins dans un premier temps, d'un ennemi autrement redoutable, né des errements de l'invasion américaine de l'Irak : Daech.

3

L'interview

Jeudi 27 novembre 2014. Jdeidet, à la frontière entre le Liban et la Syrie. Le froid s'est abattu sur cette région montagneuse. Quelques flocons ont même fait leur apparition. Chaque séjour au Moyen-Orient me rappelle mon père. Passionné de langues anciennes, il maîtrisait le latin, le grec ancien et même les hiéroglyphes égyptiens. Vers la fin de sa vie, il étudiait l'araméen et s'était rendu en Syrie avec ma mère pour visiter ces villages où l'on parle encore la langue du Christ. Le hasard et la maladie ont voulu que ce soit son dernier voyage. Quelques semaines avant mon départ, ma mère m'a montré l'album photo de leur périple. Des derviches tourneurs de Palmyre jusqu'aux moines de Maaloula en passant par les sourires des gamins d'Alep, je découvrirai bien vite que, hormis la Grande Mosquée des Omeyyades à Damas, aucun des lieux qu'ils avaient visités n'a été épargné par la guerre. Je pense tout particulièrement à lui à cet instant car, au Liban comme en Syrie, la fiche de douane que je remplis me demande d'indiquer le prénom de mon père. Je la remets en même temps que mon passeport à un douanier qui se tient derrière une vitre, devant un antique comptoir en bois. « Nos noms sont sur une liste », lui dis-je. L'homme consulte un registre. Comme l'autorisation vient de la présidence, le visa n'est pas nécessaire pour entrer en Syrie. Il fait non de la tête. L'air navré, il parcourt à nouveau le registre. Puis il se tourne vers un collègue qui nous fait signe de l'accompagner. Nous sommes invités à patienter dans d'imposants fauteuils en cuir marron disposés dans une petite pièce à l'écart, le temps de tirer au clair notre situation. C'est le bureau du chef. Mais le chef n'est pas là. Un détail qui est aussi une partie du problème. Les douaniers portent des pulls verts en laine épaisse ou des vestes de cuir. Ils fument cigarette sur cigarette, sans plus faire le moins du monde attention à nous. L'un après l'autre, ils disparaissent. Pendant de longues minutes, la seule forme humaine nous tenant compagnie est une sculpture en bronze, nez pointu et mèche sur le côté, d'Hafez el-Assad, le père de Bachar, en haut d'une étagère.

Un homme de petite taille, sans uniforme à la différence des autres, fait alors irruption dans la pièce. Avec un grand sourire et une extrême politesse, il veut nous offrir un café turc. Une délicate attention en ces moments d'incertitude. D'une main, il agrippe la cafetière puis verse le liquide dans de jolies tasses en porcelaine bleue, recouvertes de motifs orientaux, qu'il tient empilées dans l'autre main. Le café turc est délicieux, suave et saturé d'épices. Pour le boire cependant, il convient de s'arrêter au bon moment. En effet, une gorgée de trop et les grains amers du marc se répandent au fond du gosier. À ce stade, le petit homme réapparaît pour remplir la tasse illico. Après quatre ou cinq opérations du même genre, je frise la surdose de caféine. Le chef se fait désirer. Où que vous vous trouviez dans le monde, une part du pouvoir du douanier réside dans sa capacité à faire attendre ses voyageurs. Je me décide à joindre mon contact à Damas. « Comment ça, vos noms n'ont pas été transmis ? » fait-elle. « Ne bougez pas, je passe quelques coups de fil. » Je me demande bien où nous pourrions « bouger ». Après avoir franchi les kilomètres du no man's land qui forme la frontière entre le Liban et la Syrie, nous voilà bloqués dans ce poste-frontière quasi désert. Les heures s'écoulent, toujours aucune nouvelle. Les douaniers sont de retour. Ils consultent à présent un ordinateur. Cette fois, ils nous regardent. Leur aurait-on transmis depuis Damas le précieux sésame qui doit nous ouvrir les portes de la Syrie ? Soudain, leur attention se porte sur le couloir. Le chef apparaît. On le reconnaît à sa large moustache et à ses épaulettes sur lesquelles sont dessinées des étoiles dorées. Il n'est pas de bonne humeur. « *Salam !* » nous fait-il. « *Salam !* » répondons-nous en nous dressant de nos sièges. Après avoir regardé une par une les pages de nos passeports à la recherche d'on ne sait trop quoi – peut-être d'un visa suspect que les autres n'auraient pas vu –, il décroche un gros combiné puis, lentement, compose un numéro sur un cadran à touches d'un autre âge. Pendant une demi-heure, il parle à quelqu'un. À ce que j'en comprends, la conversation n'a pas grand-chose à voir avec notre situation. Pourtant, dès qu'il a raccroché, il nous explique que tout est réglé et que quelqu'un va venir nous chercher depuis Damas. Notre chauffeur qui patientait à l'extérieur est ravi. Il va pouvoir rentrer à Beyrouth. Ça l'ennuyait, nous dit-il, de faire la route jusqu'à Damas. Après son départ, le sentiment de solitude se fait plus intense. Résumons : à ce stade, nous ne savons toujours pas si quelqu'un viendra vraiment. Et si par hasard les choses s'éternisent, il n'est plus possible de retourner au Liban. Je me remémore soudain les nombreuses fois où, au cours de l'année passée à négocier cette interview avec Bachar el-Assad, j'ai eu des doutes sur le fait qu'elle aurait bien lieu. *Low point*, comme disent les Américains, si près du but. Je ne sais plus trop quoi penser. Je crois qu'à ce stade, il faut surtout rester assis calmement dans un fauteuil et éviter justement de penser.

Une heure s'écoule encore. Soudain, deux 4×4 japonais flambant neufs se garent près du poste-frontière. Des hommes en armes en sortent. C'est notre escorte. Avec le froid qui s'est abattu sur la Syrie, ils portent tous sur la tête un bonnet de laine enfoncé jusqu'aux oreilles. Notre chauffeur, un homme très jeune, vingt ans tout au plus, aux cheveux courts et à la barbe noire fournie et bien taillée, répond au joli prénom de Bachar. Le convoi prend la direction de Damas en roulant à vive allure sur une autoroute déserte. Bachar ne ralentit qu'aux check-points. Il ouvre la vitre, tend un badge à l'extérieur et, après acquiescement du militaire en faction, accélère sans jamais avoir besoin de s'arrêter. Pas une seule fois les coffres ne sont fouillés. Après tout, le président nous attend. Le genre d'argument qui vous simplifie la vie en Syrie.

Nous entrons dans Damas à la nuit tombante. Bachar et ses hommes nous déposent directement à l'hôtel *Damarose,* situé dans le centre-ville. Pour tout Occidental autorisé à se rendre dans la capitale syrienne, cet édifice construit dans les années 1970 est le point de chute obligatoire. Malgré la guerre et les pénuries qui frappent la ville, le *Damarose* reste d'un standing tout à fait honorable. Par le passé, il a été la cible d'un attentat et de quelques tirs de roquettes, ce qui le place dans la norme en Syrie. Comme partout dans le pays, les cartes bancaires n'y sont plus acceptées depuis le début de la guerre. Dollars ou livres syriennes (pas d'euros), les clients payent en cash et ne manquent de rien. De mémoire, une seule fois – en octobre 2015 –, au buffet du petit-déjeuner, certains produits faisaient défaut. Le *Damarose* connaît son lot de coupures de courant, mais ce n'est rien à côté d'autres hôtels que j'ai connus en zones de guerre, comme le *Hamra* et le *Rachid* à Bagdad, ou encore le *Serena* à Kaboul. Sa salle de réception reste un endroit prisé pour les noces. Je n'y ai jamais séjourné sans assister au moins un soir à une arrivée de convives costumés précédant une jolie mariée surmaquillée, vêtue d'une robe d'un blanc immaculé. Malgré la guerre, le mariage demeure en Syrie le signe le plus éclatant que, quelles que soient les circonstances, la vie cherche toujours à avoir le dessus.

Ce soir-là, tout est calme. Demain, c'est vendredi, jour de prière. Le matin, nous avons rendez-vous avec le service de presse. La réunion se tient dans le bureau de Luna Chebel, située dans l'aile est du palais présidentiel, une œuvre monumentale dans le plus pur style soviétique construite sur les hauteurs de la ville par Hafez el-Assad. Ancienne présentatrice de la chaîne

Al Jazeera, mariée au journaliste libanais Sami Kleib, cette Syrienne issue de la minorité druze supervise la communication présidentielle depuis plusieurs années. Elle me fait penser à ces attachées de presse que j'ai côtoyées aux États-Unis dans l'entourage des personnalités politiques: nerveuses, inflexibles, hyper-efficaces, mais courtoises à toute heure et en toutes circonstances. Pour ce qui est des interviews, en trois ans de guerre, la conseillère médiatique n'en a autorisé qu'une poignée. Celle accordée en décembre 2011 à la journaliste américaine Barbara Walters de la chaîne ABC est restée ici dans toutes les mémoires[8] et sert de référence à ce qu'il ne faut pas faire. Selon eux, la journaliste d'ABC a eu le tort de persécuter le président en insistant démesurément sur les massacres commis à Deraa au début du conflit, ce qui a déplu fortement. Interrogé sur ce que je compte faire quand je serai face à lui, je veux être le plus honnête possible avec eux. Je sors mes cartes maîtresses: « J'ai été reçu par des chefs d'État, leur dis-je, notamment deux présidents américains, George W. Bush et Barack Obama. Je ne ferai cette interview qu'à condition de retrouver des conditions identiques à celles que j'ai connues par le passé. » « Vous aurez une heure », me dit Luna Chebel. Si on tient compte de la traduction, cela veut dire une demi-heure. Car Bachar el-Assad s'exprimera en arabe, et moi en français. Il parle notre langue, nous parlons tous les deux l'anglais, mais le protocole exige que le président de la République arabe syrienne s'exprime en arabe. C'est comme ça. C'est un désavantage pour moi, car lui parlant le français bien mieux que moi l'arabe, il aura du temps pour réfléchir à sa réponse pendant que l'interprète traduira ma question. Avec Barbara Walters, il conversait en anglais, c'était « sans filet ». Cette fois, ils m'imposent en quelque sorte une « sécurité ». Les questions ne m'ont pas été demandées à l'avance, simplement les thèmes que je souhaite aborder. Barbara Walters avait elle aussi reconnu qu'aucune limite ne lui avait été fixée. Ensuite, tout ce qui aura été dit pendant l'interview sera consigné par écrit. Le jeudi de la sortie du numéro de *Paris Match*, l'interview sera publiée à six heures du matin, heure française, sur le site de la présidence, en anglais et en arabe. Lorsque j'ai interviewé George W. Bush à la Maison Blanche en mai 2004, une transcription m'a été remise une heure et demie après. Y figurait, mot pour mot, tout ce qui avait été prononcé. Le jour de la sortie du journal, elle a été publiée par la Maison Blanche. Les conditions que me propose le staff de la présidence syrienne ne sont donc pas différentes. J'obtiens également que mon photographe, Baptiste Giroudon, puisse prendre des clichés pendant l'entretien. « *Paris Match* est un hebdomadaire de photos, leur dis-je. Il nous paraît fondamental de produire nos propres images.» Ça n'était pas gagné d'avance. La règle, c'est qu'un photographe attitré de la présidence syrienne les fournisse. Là encore, c'est la même chose pour un président américain. Pour les faire céder sur ce point, Baptiste s'est engagé à laisser son Canon 5D Mark III et son optique 24/70 à l'hôtel et à n'utiliser qu'un appareil et un objectif identiques fournis par le staff. Depuis l'assassinat du commandant Massoud en 2001 en Afghanistan au moyen d'une bombe placée dans une caméra, nombre de chefs d'État refusent de voir des équipements extérieurs les approcher.

Il est environ 20 heures, le vendredi 28 novembre, quand je reçois un SMS au moment où je rentre au *Damarose* après avoir tout calé pour l'interview du lendemain. «Vous avez tout mon soutien», est-il écrit. Il est signé d'une personne de la rédaction de *Paris Match*. Je suis pris d'un doute. Ma présence à Damas n'est connue que de ma femme et de mon directeur. Après m'être connecté au wi-fi de l'hôtel, je réalise que ces propos n'ont rien à voir avec Bachar el-Assad. Je découvre un article du *Parisien* intitulé: «Le directeur adjoint de *Paris Match* égratigne Valérie Trierweiler». Il s'agit d'une dépêche de l'AFP, reprise par *Le Nouvel Obs*, *Le Figaro*, *La Dépêche*, *Challenge*, ou FranceInfo TV. Il y a en tout une cinquantaine d'articles ! Juste avant de m'envoler pour le Liban, tôt dans la matinée, je suis passé sur Radio Classique. Au micro de Guillaume Durand, j'ai légèrement critiqué les déclarations sur François Hollande faites par ma consœur à la télévision britannique : « Je dirais qu'elle a commis quelques maladresses puisqu'elle s'est aventurée sur le terrain politique. Elle a semblé prendre le parti de la gauche du parti socialiste. Je ne suis pas sûr que ce soit avisé ou très sage. » À cette époque, la France entière est obnubilée par tout ce qui touche à l'ex-compagne du président, en pleine promotion de son livre *Merci pour ce moment*. En vingt-quatre heures, depuis mon départ, mes déclarations ont pris des proportions incroyables. Je réponds au SMS : « Merci pour votre soutien », puis je coupe le wi-fi. Surtout se tenir en dehors de tout cela. Rester concentré sur ce qui s'annonce pour le lendemain.

Cela fait plus d'un an que Bachar el-Assad n'a pas parlé à la presse internationale. Il n'a rien déclaré depuis l'entrée en scène de l'État islamique. L'interview n'aura pas lieu au palais présidentiel, mais dans un petit pavillon qui m'est décrit comme « le bureau où le président travaille ». Nous quittons l'hôtel *Damarose* vers 9 h 30 le samedi et faisons d'abord escale au palais présidentiel, où nous changeons de véhicule.

Après un nouveau trajet d'environ dix minutes sur une route forestière sinueuse, la Mercedes 350E se gare devant une bâtisse dont le style architectural – façades ocre et rose pâle, larges fenêtres – me fait penser à la Lanterne, le pavillon de chasse versaillais où les présidents français passent leurs vacances. Si j'ai ce lieu à l'esprit, c'est sans doute à cause de l'épisode du SMS d'hier soir. La Lanterne a en effet servi de lieu de convalescence à Valérie Trierweiler après sa rupture avec le président français... À l'endroit où se situe le bureau d'Assad, nous sommes à peine à 10 kilomètres à l'ouest du quartier de Jobar, aux mains des rebelles depuis trois ans, et à peu près à 10 kilomètres également au nord du camp de Yarmouk, dont une partie est occupée par Daech. En mettant le nez hors de la voiture, je m'attends à être accueilli par une armée d'attachés de presse, de gardes du corps et de membres du protocole. Je suis surpris de voir Bachar el-Assad s'avancer seul vers moi et me tendre la main. Mais ce qui m'étonne le plus, c'est que, hormis ce changement de véhicule, nous n'avons fait l'objet d'aucune fouille. Sans compter qu'autour du président, j'ai le même sentiment que Brad Pitt : aucune sécurité n'est visible. En y réfléchissant, la ficelle est un peu grosse. Des tireurs d'élite embusqués ont certainement été disposés un peu partout, qui surveillent chacun de nos pas. Cette apparente décontraction a pour objectif de nous laisser l'impression d'un homme en total contrôle. Ce qui est paradoxal, car au moment de cette rencontre, l'État syrien n'a de prise que sur à peine 30 % du pays. Le reste est occupé par une myriade de groupes rebelles, les Kurdes et l'État islamique. Après quelques mots de bienvenue, Bachar el-Assad prend place dans un canapé noir. Il m'invite à faire de même dans un fauteuil en face de lui, la traductrice s'asseyant entre nous deux[9].

Je pose ma première question :

– Monsieur le président, après trois ans de guerre, au point où nous en sommes aujourd'hui, regrettez-vous de ne pas avoir géré les choses différemment au début, lorsque les premiers signes de révolte sont apparus en mars 2011 ? Vous sentez-vous responsable ?

– Dès les premiers jours, il y avait des martyrs de l'armée et de la police. Nous avons donc, dès cette époque, fait face au terrorisme. Il y avait certes des manifestations, mais pas en grand nombre. Notre seul choix était de défendre le peuple contre les terroristes. Il n'y en avait pas d'autres. Nous ne pouvons pas dire que nous le regrettons car nous luttions contre le terrorisme dès les premiers jours. Cela ne veut pas dire qu'il n'y a pas eu d'erreurs commises dans la pratique. Il y a toujours des erreurs. Parlons aussi franchement ; si le Qatar n'avait pas financé dès le début ces terroristes, si la Turquie ne leur avait pas apporté un soutien logistique et l'Occident un soutien politique, les choses auraient été différentes. La Syrie connaissait des problèmes avant la crise, ce qui est normal, mais cela ne signifie pas qu'il faille trouver aux événements une origine intérieure.

– Durant cette guerre, on reproche à votre armée d'avoir utilisé massivement la force. Pourquoi bombarder des civils ?

– Lorsqu'un terroriste vous attaque, croyez-vous que vous pouvez vous défendre par le dialogue ? L'armée a eu recours aux armes lorsque l'autre partie en a fait usage. Notre but ne saurait être de frapper les civils. Comment peut-on résister pendant quatre ans en tuant des civils, c'est-à-dire son propre peuple, et en même temps en combattant les terroristes et les pays hostiles qui les soutiennent, à savoir ceux du Golfe, la Turquie et l'Occident ? Si nous ne défendions pas notre peuple, nous serions incapables de résister. Par conséquent, il n'est pas logique de dire que nous bombardons les civils.

– Des images satellites de Homs ou de Hama montrent des quartiers oblitérés. L'ONU, une organisation à laquelle adhère votre pays, parle de cent quatre-vingt-dix mille morts au cours de cette guerre. Les habitants de ces quartiers étaient-ils tous des terroristes ?

– D'abord, il faudrait vérifier les statistiques des Nations unies. Quelles en sont les sources ? Les chiffres qui circulent aujourd'hui dans le monde, notamment dans les médias, sont exagérés. Ils sont faux. Ensuite, les images de destructions ne sont pas seulement des photos satellites, mais des photos prises sur le terrain. Ces destructions sont réelles. Mais lorsque des terroristes pénètrent dans une région et l'occupent, l'armée doit la libérer. Des combats sont alors engagés. Il est donc normal qu'il y ait destruction. Dans la plupart des cas, lorsque les terroristes s'installent, les civils prennent la fuite. En vérité, le plus grand nombre de victimes en Syrie se compte parmi les partisans de l'État, et non l'inverse. Beaucoup ont été tués lors d'attentats. Quand vous avez la guerre et le terrorisme, il y a hélas des victimes innocentes. Ça arrive n'importe où, d'ailleurs. Mais il n'est pas concevable qu'un État vise ses propres citoyens.

– Toujours selon l'ONU, trois millions de Syriens sont réfugiés dans les pays limitrophes, soit un huitième de la population syrienne. Est-ce que ce sont tous des alliés des terroristes ?

– Non, non. La plupart de ceux qui ont quitté la Syrie l'ont fait à cause du terrorisme. Parmi ces réfugiés, certains soutiennent les terroristes, d'autres l'État. Ces derniers ont quitté le pays pour des raisons de sécurité. Une grande partie des réfugiés ne soutient personne.

– D'un point de vue militaire, avez-vous les moyens de gagner la guerre ?

– À présent, nous combattons des États, pas seulement des bandes. Des milliards de dollars leur sont versés. Des armes leur ont été fournies par des pays comme la Turquie. Il ne s'agit pas d'une guerre facile d'un point de vue militaire. Pourtant, l'armée syrienne progresse dans beaucoup de régions. Personne ne peut encore prévoir quand cette guerre prendra fin, ni comment. Nos adversaires pensaient, au début, gagner le cœur des Syriens. Ils n'y sont pas parvenus. Leur capacité à recruter s'est réduite considérablement. C'est précisément ce qui a permis à l'armée de progresser. Nous devons envisager la guerre d'un point de vue militaire, social et politique.

– Mais ils n'ont pas encore perdu, puisque la moitié de votre pays vous échappe ?

– L'armée syrienne ne peut être partout à la fois. Là où elle n'est pas présente, les terroristes en profitent pour franchir les frontières et s'infiltrer dans telle ou telle zone. Mais à chaque fois que l'armée décide de reprendre une région, elle y parvient. Il ne s'agit pas d'une guerre entre deux armées, où l'une occupe un territoire et l'autre un autre. Il s'agit d'un autre type de guerre. Et cette guerre sera longue et difficile.

– Beaucoup disent que la solution, c'est votre départ. Avez-vous vous-même envisagé que votre départ soit la solution ?

– Partout dans le monde, un chef d'État arrive au pouvoir par un mécanisme constitutionnel, et il le quitte par le même mécanisme. Un président ne peut ni s'imposer, ni quitter le pouvoir par le chaos. La preuve tangible, ce sont les conséquences de la politique française en Libye avec la décision d'attaquer Kadhafi. Quel en a été le résultat ? Après son départ, il y a eu le chaos. Son départ était-il la solution ? La situation s'est-elle améliorée ? La Libye est-elle devenue démocratique ? L'État est comme un navire : dans la tempête, le capitaine ne prend pas la fuite. Il ne quitte pas le bord. Si les passagers doivent s'en aller, alors il sera le dernier à partir.

– Cela veut dire que le capitaine est prêt à mourir. Vous avez évoqué Mouammar Kadhafi, est-ce que vous avez peur de mourir de la même façon que Saddam Hussein ou que Kadhafi ?

– Le capitaine ne pense pas à la mort, ni à la vie, il pense à sauver son navire. S'il fait naufrage, tout le monde mourra. Il vaut donc mieux tout faire pour sauver son pays. Mais je voudrais souligner une chose importante. Mon but n'est pas de rester président, ni avant, ni pendant, ni après la crise. Mais quoi qu'il arrive, nous autres Syriens, n'accepterons jamais que notre pays devienne un jouet entre les mains de l'Occident. C'est un principe fondamental pour nous.

– Parlons du groupe État islamique. On entend dire parfois qu'au départ, le régime syrien a encouragé la montée des radicaux islamistes pour diviser l'opposition. Que répondez-vous ?

– D'abord en Syrie, nous avons un État, pas un régime. Soyons clairs sur la terminologie. Si nous supposons que cela est vrai, et donc que nous avons soutenu l'État islamique, cela revient à dire que nous leur avons demandé de nous attaquer, d'attaquer nos aéroports militaires, de tuer des centaines de nos militaires, d'occuper nos villes et nos villages. Où est la logique là-dedans ? Qu'avions-nous à gagner dans tout cela ? Diviser et affaiblir l'opposition, comme vous le dites ? Nous n'avions pas besoin de le faire. L'Occident lui-même reconnaît que cette opposition était fantoche. C'est ce qu'Obama lui-même a dit. L'hypothèse est donc fausse. Mais alors, où est la vérité ? En réalité, l'État islamique a été créé en Irak en 2006. Ce sont bien les États-Unis et non la Syrie qui occupaient l'Irak. Abou Bakr al-Baghdadi était dans les geôles américaines et non dans les prisons syriennes. Qui a donc créé l'État islamique ? La Syrie ou les États-Unis ?

– Les Syriens que nous avons rencontrés à Damas font davantage allusion aux cellules dormantes djihadistes en Occident qu'à la guerre contre l'État islamique. C'est étonnant, non ?

– Le terrorisme est une idéologie et non une organisation ou une structure. Cette idéologie ne connaît pas de frontières. Il y a vingt ans, le terrorisme s'exportait depuis notre région, en particulier depuis les pays du Golfe comme l'Arabie saoudite. À présent, il nous vient d'Europe, et notamment de France. Le plus gros contingent de terroristes occidentaux venus en Syrie est français. Ils commettent des attentats en France. En Belgique, ils ont attaqué le musée juif. Le terrorisme en Europe n'est plus dormant, il s'est réveillé.

– Les Américains sont aujourd'hui, contre l'État islamique, des alliés tactiques. Considérez-vous toujours leur intervention comme une violation du territoire syrien ?

– Vous avez utilisé le mot « tactique », et c'est là un point important. Vous savez bien qu'une tactique n'a aucun sens sans une stratégie. Car elle seule n'arrivera pas à venir à bout du terrorisme. Il s'agit d'une intervention illégale, d'abord parce qu'elle n'a pas reçu l'approbation du Conseil de sécurité, ensuite parce qu'elle n'a pas tenu compte de la souveraineté d'un État, qui est la Syrie. La réponse est « oui », c'est une intervention illégale, et donc une violation de la souveraineté nationale.

– L'AFP rapporte que votre aviation a effectué deux mille sorties aériennes en moins de quarante jours, ce qui est énorme. Quand vos avions croisent leurs avions, par exemple en allant bombarder Raqqa, existe-t-il un protocole de non-agression ?

– Il n'y a pas de coordination directe. Nous attaquons le terrorisme là où il se trouve, sans prendre en considération ce que font les États-Unis ou la coalition. Vous seriez sans doute surpris d'apprendre que le nombre quotidien de sorties de l'aviation syrienne pour frapper les terroristes est supérieur à celui de la coalition. Donc d'abord, il n'y a pas de coordination. Ensuite, les frappes de la coalition ne sont que cosmétiques.

– Mais ces frappes-là vous aident. La démission du secrétaire américain à la Défense, Chuck Hagel, s'explique en partie parce qu'il pensait qu'elles renforçaient votre gouvernement et vos positions.

– Notez que votre question contredit celle dans laquelle on est accusé de soutenir Daech. Ça veut dire plutôt que nous sommes des ennemis de Daech.

– J'ai dit qu'on entend qu'au départ, vous avez soutenu Daech pour diviser l'opposition.

– Je ne vous accuse pas, je fais plutôt allusion à ceux qui le pensent.

– Maintenant, une des conséquences est cette démission, du point de vue américain. Estimez-vous quand même que les frappes de la coalition vous aident ?

– On ne peut pas mettre fin au terrorisme par des frappes aériennes. Des forces terrestres qui connaissent la géographie et agissent en coordination sont indispensables. C'est la raison pour laquelle il n'y a pas eu de résultats réels après deux mois des campagnes menées par la coalition. Ce n'est donc pas vrai que les frappes de la coalition nous aident. Elles nous auraient certainement aidés si elles étaient sérieuses et efficaces. C'est nous qui menons les combats terrestres contre Daech, et nous n'avons constaté aucun changement, surtout que la Turquie apporte toujours un soutien direct dans ces régions.

– Le 14 juillet 2008, vous étiez à la tribune sur les Champs-Élysées en marge du sommet de la Méditerranée. Aujourd'hui, le gouvernement français vous considère comme un paria. Comment vivez-vous cette situation ?

– Les bonnes relations entre 2008 et 2011 n'étaient pas le résultat d'une initiative française. Il y a eu d'abord les Américains qui ont chargé l'administration française à l'époque de faire pression sur la Syrie au sujet de l'Iran. Il y a eu ensuite le Qatar qui poussait la France à améliorer ses relations avec la Syrie. Entretenir de bonnes relations avec nous n'émanait donc pas d'une volonté indépendante de la France. Aujourd'hui, les choses n'ont pas changé. Hollande, comme Sarkozy, n'agit pas de son propre gré.

– François Hollande continue de vous considérer comme un adversaire, est-ce que vous pensez qu'à un moment le contact pourra être renoué ?

– Ce n'est pas une question de relations personnelles. D'ailleurs, je ne le connais même pas. Il s'agit de relations entre États et institutions, et dans l'intérêt des deux peuples. Nous traiterons avec tout responsable ou gouvernement français dans l'intérêt commun. Mais l'administration actuelle œuvre à l'encontre des intérêts de notre peuple et de ceux du peuple français. Je ne suis ni l'ennemi personnel ni le rival de Hollande. Je pense que c'est plutôt Daech qui est son rival, puisque leurs cotes de popularité sont très proches.

– Oui ou non, y a-t-il aujourd'hui en Syrie des armes chimiques ?

– Non, nous l'avons très clairement déclaré, et lorsque nous avons décidé de renoncer aux armes chimiques, c'était de manière définitive.

– Pourtant le secrétaire d'État américain John Kerry vous accuse d'avoir violé le traité en faisant usage de chlore. Est-ce vrai ?

– Vous pouvez trouver du chlore dans n'importe quel foyer syrien. N'importe quelle faction peut l'utiliser. Mais nous, nous ne l'avons pas utilisé, car nous avons des armes conventionnelles plus efficaces que nous employons dans notre guerre contre les terroristes. Nous ne le cachons pas, car c'est notre droit. Ces accusations ne nous surprennent pas. D'ailleurs, depuis quand les Américains disent-ils la vérité à propos de la crise syrienne ?

– Avez-vous utilisé des armes chimiques ?

– Nous n'avons pas utilisé ce genre d'armes, autrement il y aurait eu des dizaines, voire des centaines de milliers de morts, pas simplement cent ou deux cents personnes, comme on l'a dit l'année dernière, surtout dans des régions peuplées de centaines de milliers, voire de millions de Syriens.

– À l'occasion de votre dernier séjour à Paris en novembre 2010, j'avais interviewé votre femme Asma. Est-ce que ça vous manque de ne plus pouvoir voyager hors de vos frontières ?

– Je ne suis pas un amateur de voyages, et mes visites n'étaient pas pour faire du tourisme. Ce qui me manque vraiment, c'est la Syrie telle qu'elle était. Ce qui nous manque, bien sûr, c'est un monde différent où règnent des relations logiques et morales. Nous avions, à l'époque, fondé de grands espoirs de développer notre région, de l'ouvrir davantage intellectuellement. Nous pensions que la France était, par son patrimoine culturel, la mieux placée pour jouer ce rôle avec la Syrie au Moyen-Orient.

– Votre femme se voyait comme une ambassadrice de la modernité. Comment vit-elle cette situation, maintenant qu'elle est recluse en Syrie ?

– Comme tous les Syriens, comme moi, elle

éprouve de la douleur en voyant la destruction et le sang versé. Nous avons de la peine de voir notre pays revenir des décennies en arrière et devenir un foyer de terrorisme après avoir été parmi les cinq premiers pays sur le plan de la sécurité. Tous les deux, nous sommes navrés de voir l'Occident, qu'on croyait capable d'aider à l'ouverture et au développement, prendre la direction inverse. Pire encore, que ses alliés soient des pays moyenâgeux du Golfe, comme l'Arabie saoudite et le Qatar.

– On vous décrit comme quelqu'un d'extrêmement proche de ses enfants. Comment leur expliquez-vous ce qui se passe dans votre pays le soir en rentrant chez vous ?

– Ce dialogue se déroule dans chaque foyer syrien. Le plus difficile est lorsqu'on a affaire à des enfants dont la conscience sociale s'est formée durant la crise. Les deux principales questions qu'ils posent sont les suivantes : « Comment des gens qui croient ou disent défendre Dieu et l'islam peuvent-ils tuer et décapiter ? » C'est une contradiction difficile à expliquer. Les enfants demandent aussi si ces gens-là savent qu'ils se trompent. La réponse est que certains le savent et exploitent la religion à des fins particulières, d'autres sont des ignorants qui ne savent pas que la religion c'est le bien et non le meurtre. Une dernière question qu'on pose : « Pourquoi l'Occident nous attaque et soutient les terroristes ? » Ils ne parlent évidemment pas de l'Occident en tant que tel, mais évoquent des pays précis comme les États-Unis, la France, la Grande-Bretagne. « Pourquoi agissent-ils de la sorte ? Est-ce qu'on leur a fait du mal ? » Nous leur expliquons alors que les peuples, c'est une chose, les États, c'en est une autre.

4

Asabiyya

Au cours de l'entretien, je me suis adressé à Bachar el-Assad en cherchant à ce qu'il réponde de la façon la plus personnelle possible. J'avais utilisé la même tactique avec George Bush – avec plus de succès, je dois le reconnaître. Provoquer une réflexion personnelle, interpeller dans les convictions profondes, dans l'intime, le familial, et ce pour éviter les longs monologues où votre interlocuteur vous entraîne sur une voie de garage en émettant de grands principes qui vous font perdre un maximum de temps. Face à mes sollicitations pour qu'il me raconte sa guerre, et comment il ressent personnellement les choses, Bachar el-Assad trouve souvent refuge derrière une notion collective. Il ne me répond presque jamais « je », mais « nous ». Lorsque je l'interroge par exemple sur la manière dont sa femme vit l'isolement dans lequel le conflit l'a plongée, il élargit immédiatement aux Syriens et à leur douleur face à ce qui leur arrive.

Lorsqu'il raconte comment il explique le conflit à ses enfants, il se barricade derrière le fait que ses enfants et lui partagent les mêmes interrogations et les mêmes peurs que leurs compatriotes. Cette posture de l'homme qui incarne son peuple lui permet de désigner les monarchies du Golfe et les pays traîtres – par exemple le mien – comme les véritables responsables de la situation.

Pour Bachar el-Assad, la Syrie est une entité organique. Sa vision est liée à la notion d'*asabiyya.* Inventé par le philosophe arabe du Moyen Âge Ibn Khaldoun, un des rares philosophes d'origine arabe ayant étudié les notions d'histoire et de pouvoir, ce terme désigne la solidarité sociale et la conscience groupale. Il n'est pas exclusif aux alaouites, la minorité ethno-religieuse à laquelle appartient la famille du président et qui représente 12 % de la population en Syrie. Les alaouites pratiquent une religion particulière, sans mosquées ni imams. Initiatique et mystique, elle comporte des traces de néoplatonisme et de gnose préislamique. Sa parenté avec le chiisme est si peu évidente qu'Hafez el-Assad a dû se rendre en Iran pour la faire rattacher à cette branche de l'islam. L'*asabiyya* est une notion primitive, plus tribale que religieuse, dont l'origine remonte à la tradition bédouine. Elle rejette par principe les univers urbains, au sein desquels de multiples *asabiyya* s'affrontent. D'ailleurs, les villes syriennes sont des lieux où résident 70 % de la population, dont une immense majorité de sunnites. Ce n'est donc pas une surprise si c'est là que l'insurrection a démarré. Cependant, il est faux de penser qu'elle s'est propagée à l'ensemble de la communauté sunnite, comme cela s'est passé en Irak. Dans ce cas, Bachar el-Assad, c'est mathématique, n'aurait jamais résisté. Aujourd'hui, son armée est toujours composée d'une majorité de sunnites. Une partie de ses généraux et de ses ministres le sont également, sans parler de sa femme, sunnite elle aussi.

Comme l'observe le journaliste Jean-Pierre Perrin dans son livre *La mort est ma servante*[10], le concept d'*asabiyya* a permis à la famille Assad d'établir son contrôle sur la Syrie tout entière il y a quarante ans. L'*asabiyya* alaouite, la plus puissante de Syrie, s'est muée en un système politique dans lequel s'attaquer au leader signifie s'en prendre à toute la communauté. Au début du règne de la famille Assad, l'idéologie baasiste est venue apporter un vernis moderne à cette vieille notion tribale fondatrice. Néanmoins, au-delà du baasisme, la vision politique d'Assad s'appuie toujours sur l'*asabiyya* alaouite, un élément essentiel qui lui permet de s'autoériger en garant de l'unité et en solution pour l'avenir du pays. Il faut reconnaître qu'il n'a pas eu à faire beaucoup d'efforts pour cela. Dès le début de la guerre, ses ennemis ont étalé au grand jour leurs divisions ainsi que l'appui de l'étranger dont ils bénéficiaient. Bachar el-Assad n'a donc eu aucune difficulté à se faire passer pour l'incarnation d'une unité officielle face à ceux qui divisent, même si la rébellion était un phénomène syrien bien réel et authentique et qu'elle n'a pas éclos, comme il l'en accuse parfois, sous l'effet d'un complot venu d'ailleurs.

Historiquement, dans ses versions syrienne et irakienne, le système baasiste (de *baas* – résurrection, en arabe) a eu pour avantage de faire coexister sous une poigne de fer une multitude de minorités avec peu d'intérêts en commun. De ce point de vue, cette idéologie a connu un succès indéniable. Saddam Hussein et Hafez el-Assad ont forgé un patriotisme qui existait à peine avant eux et qui demeure de nos jours. Ils ont surtout imposé, dans l'espace public, la laïcité dans un monde où la religion domine tout. Au cours de leur règne, la confession est parfois devenue secondaire par rapport à l'identité nationale. En Irak, Saddam était devenu expert dans l'art de mélanger les tribus grâce à des mariages, et ainsi mieux les contrôler. J'ai entendu certains Irakiens plaisanter en disant être « su-chi », nés d'un père sunnite et d'une mère chiite, ou vice-versa. En Syrie, les chrétiens respectaient le ramadan, et les musulmans célébraient Noël en leur compagnie. Avec le conflit, certains

Syriens m'ont expliqué qu'ils avaient dû réapprendre leur religion. Dans le creuset communautaire qu'était devenu le pays, celle-ci était passée au second plan. À l'identique d'un phénomène courant en Occident, le religieux avait perdu de sa pertinence dans certains milieux. La guerre s'est chargée de le replacer aux avant-postes.

Saddam était différent d'Hafez en ce qu'il a toujours eu un goût prononcé pour le grandiloquent, une pompe aux limites du ridicule, tout en faisant preuve d'une brutalité sans bornes. L'Irak est un pays qui conserve des notions telles que le *sahel,* un mot qui n'existe nulle part ailleurs dans le monde arabe et qui signifie défaire et humilier un tyran en disloquant son corps et en répandant dans les rues des rivières du sang de ses partisans. Qu'une idée aussi sanguinaire perdure en dit long sur la façon dont est forgé l'imaginaire collectif irakien et dont ce peuple appréhende le pouvoir. Le système syrien était plus subtil, et son leader moins flamboyant. Hafez el-Assad préférait les costumes sobres à l'occidentale aux tenues excentriques – sabre en argent ou fusil de chasse en main – de Saddam Hussein. Il lui arrivait de revêtir l'uniforme pour certaines commémorations, en souvenir de l'époque où il était officier dans l'armée de l'air. Cette attitude *low key,* il n'a eu aucun mal à la transmettre à son fils Bachar.

Timide et effacé, ce dernier n'a jamais eu le moindre goût pour le clinquant et les premiers rôles, encore moins pour le culte de la personnalité. Ainsi, David W. Lesch, spécialiste du Moyen-Orient à l'université de San Antonio, rapporte une anecdote qui en dit long sur sa personnalité[11]. En 1982, son bac en poche, Bachar el-Assad convainquit ses parents de le laisser s'inscrire à la faculté de médecine sans passer par les académies militaires. Alors qu'il était en seconde année de médecine, il assistait à une conférence dans un amphithéâtre de la fac. Comme partout en Syrie, il était de bon aloi de manifester sa joie à l'évocation du nom d'Hafez el-Assad. Or Bachar ne réagit pas lorsqu'on acclama « le Raïs ». Un élève, qui ne l'avait pas reconnu, le prit à partie et lui administra une tape sur la tête par-derrière. Bachar aurait pu le faire arrêter, mais il ne broncha pas. Quelqu'un révéla alors l'identité du fils du président à l'élève, qui s'excusa, tremblant de peur. Mais Bachar fit signe qu'on le laisse tranquille.

En apparence, il ne semblait pas avoir hérité du caractère autoritaire de son père, Hafez el-Assad. Celui-ci, en effet, n'était pas moins brutal que Saddam Hussein. Sa vision du pouvoir s'appuyait au moins autant que celle du régime irakien sur l'omniprésence de plusieurs services de renseignement, souvent rivaux. Dans le cas du clan Assad, la soumission au leader peut se comparer aux liens qui existent dans la mafia calabraise. Diverses personnalités au caractère trempé gravitent autour du « boss ». Plusieurs cercles rivalisent et cela crée un système où tout le monde observe tout le monde. Cet assemblage est une des raisons qui font qu'aujourd'hui, on a tant de mal à comprendre comment le système syrien fonctionne en interne. C'est aussi ce qui le rend si hermétique – si solide.

Rifaat el-Assad, frère d'Hafez et oncle de Bachar, faisait partie du premier cercle. Âgé de quatre-vingts ans, cet homme à la barbe clairsemée affiche un visage rond planté de petits yeux rieurs et de grandes oreilles, un trait de famille également partagé par son neveu. Il vivait à Paris depuis le milieu des années 1980 jusqu'à récemment. Une partie de ses biens ayant été saisis par la justice française, il s'est prudemment replié sur Londres il y a deux ans. Car Rifaat n'a pas quitté son pays les mains vides. On estime sa fortune personnelle à 400 millions de dollars. Rifaat est soupçonné d'avoir pillé des trésors archéologiques syriens, ce que son fils Siwar nie catégoriquement. Je l'ai rencontré en septembre 2012, dans son splendide hôtel particulier avenue Foch. Surnommé « le Boucher de Hama », Rifaat el-Assad est accusé d'avoir fait bombarder en 1982 la grande ville du centre du pays, alors en proie à une insurrection islamiste dirigée par les Frères musulmans. Lorsque je lui ai rappelé son « fait de guerre », il a esquivé en avançant que c'était son frère qui donnait les ordres. Le plus sérieusement du monde, il m'a ensuite affirmé que les rues d'Hama étaient de toute façon trop étroites et qu'il fallait les élargir, d'où le bombardement. J'étais stupéfait. Je lui ai demandé s'il se voyait en « baron Haussmann d'Hama ». Cela l'a fait rire... En Syrie, le bombardement d'Hama fait figure de référence en matière d'anéantissement d'insurrections urbaines, le massacre avant les massacres. On ne connaît toujours pas le nombre exact de ses victimes, estimé de quinze à trente mille morts selon les sources. Cela n'a pourtant pas empêché le président François Mitterrand, *via* son sherpa au destin funeste, François de Grossouvre, d'installer Rifaat dans un confortable exil à Paris, et même de tenter de le ramener au pouvoir en Syrie dans les années 1990. Il faut dire que sous Mitterrand, les relations franco-syriennes étaient plus qu'amicales ; intimes. La liaison entre le ministre des Affaires étrangères Roland Dumas et Nahed Ojjeh, la fille du ministre de la Défense Mustafa Tlass, a représenté le paroxysme de cette alliance. Dumas a hérité au passage du surnom de « Lion de la Tlass », donné par l'hebdomadaire *Valeurs actuelles*, ce dont il se flatte plus qu'il ne s'offusque. À cette époque, le ministre de la Défense syrien Mustafa Tlass était *persona grata* à Latché, la résidence du président français dans les Landes. Ces relations font qu'on a aujourd'hui un peu de mal à prendre au sérieux certains socialistes lorsqu'ils affichent leur détestation du « régime d'Assad ». Sous Mitterrand, leur parti et leur gouvernement s'en accommodaient très bien, tout en ayant parfaitement connaissance de ses penchants sanguinaires. Plus récemment, sous le gouvernement Hollande, la France a accueilli sans sourciller le même Mustafa Tlass et sa famille, devenus soudain « réfugiés politiques » après avoir tourné le dos à Assad. Or, ami d'école d'Hafez el-Assad, Tlass l'aida à établir son pouvoir sur la Syrie. À ce titre, il fut responsable de l'incarcération de milliers d'opposants. Tlass est également soupçonné d'avoir donné son feu vert à l'attentat contre l'immeuble Drakkar, à Beyrouth en 1983, dans lequel cinquante-huit parachutistes français furent tués, ainsi qu'à celui qui, quelques minutes plus tôt, coûta la vie à deux cent quarante et un soldats américains. Il est vrai qu'en arrivant à Paris, il clamait avoir fait défection en compagnie de son fils, Manaf, ami intime de Bachar el-Assad et chef de la brigade 104 des forces spéciales chargées de la protection du président. La France a pensé un moment que ces défections en amèneraient d'autres. Il n'en a rien été. Tlass est mort à Paris en juin 2017.

Pour Rifaat, les choses ne se sont en fait jamais passées comme prévu. Après la mort de Bassel en 1994, le président syrien appela son fils cadet, Bachar, pour se préparer à lui succéder. Rifaat, qui nourrissait certains espoirs, resta sur la touche. Aujourd'hui encore, il demeure le frère paria qui, en 1983, profitant des ennuis de santé de son aîné Hafez, fomenta un coup d'État contre lui. Le « Raïs » syrien n'a ni oublié ni pardonné. Rifaat m'a raconté comment, à l'époque de leur contentieux, leur mère Naisa avait convoqué ses deux fils. Ils se présentèrent tous deux au domicile familial dans une scène qui aurait eu toute sa place dans un épisode du *Parrain*. « Mes fils, vous n'allez pas vous entre-tuer ! » sermonna la Mamma. En fin de compte, Rifaat fut chassé du pays. Mais malgré son statut d'oncle renégat, il conserva le titre de vice-président de la Syrie jusqu'à ce que Bachar, devenu président à la mort de son père, le lui retire. Aux yeux d'Hafez, il était peut-être un traître, mais il restait de la famille…

Rifaat ne portait pas Bachar dans son cœur. « J'ai bien connu Bachar à l'époque où il suivait un entraînement militaire avec mes deux fils Firas et Doured, me dit-il. Doured avait le même âge que Bachar. Tous les deux sont allés à la faculté de médecine : Bachar a fait ophtalmologiste et Doured des études de laboratoire. Ils n'ont pas la même personnalité. Mon fils Doured est plus dynamique, c'est un artiste, un poète. Bachar est gentil. On l'appelait "le Bon", celui qui ne peut blesser. Au cours des funérailles de son grand frère Bassel, j'ai demandé à Hafez comment Bachar allait gouverner. Mon frère m'a répondu qu'il s'en sortirait car on donnerait plus de liberté aux gens en s'éloignant du socialisme et en privatisant. J'ai dit à mon frère : "J'espère qu'il va réussir." Il m'a demandé ce que je pensais de Bachar : "Je vais être honnête avec toi, il pourra peut-être gouverner vingt ans, mais la fin sera désastreuse, les gens se tiendront tranquilles un moment et ensuite ils vont exploser." Le problème de Bachar, c'est qu'il laisse les choses se faire, qu'il ne planifie pas. Bachar a été incapable de prendre les décisions qu'il fallait. Il a toujours eu recours aux responsables des services et aux officiers supérieurs. Il était manipulé par ces gens-là. C'est triste. »

En septembre 2012, Rifaat el-Assad interprétait l'apparente innocence de Bachar comme la volonté de donner de lui l'image lisse du régime, et non de celui qui donne les ordres. C'était sans doute vrai à ses débuts, quand des figures comme Tlass guidaient les pas du jeune président. Peut-être l'était-ce encore à l'époque où j'ai rencontré Rifaat. Depuis, il semble difficile de croire que ce n'est pas Bachar qui tient les commandes du pouvoir syrien, comme s'il n'était que la marionnette d'une puissance mystérieuse issue des profondeurs du parti Baas. Ces partisans, d'ailleurs, ne cherchent nullement à dissimuler la façon très personnelle qu'il a d'exercer le pouvoir. Il semble même qu'à leurs yeux, les massacres qui ont tant révolté le monde extérieur aient été, en réalité, sa manière d'affirmer qu'il n'était pas un héritier comme un autre, fruit des hasards de l'existence, mais un véritable homme d'État aux commandes de la Syrie. Ils apprécient que Bachar ait tenu bon, contre vents et marées, quels que soient le prix et le nombre de morts. Ils ne le voient plus seulement comme le fils de son père, mais comme un chef qui à leurs yeux s'est sacrifié pour la Syrie.

5

Off the record

Damas, 30 mai 2015. Il est convenu qu'à 8 h 45, je me trouve à une petite table dans le hall de l'hôtel *Damarose*. L'horaire est précis. Pourtant, attendre fait souvent partie du cours des choses ici. Je dois signaler à la réception à quelle table je vais m'asseoir. Quelqu'un va se présenter, puis venir me chercher. Je ne sais rien d'autre. Si : j'aurai quarante-cinq minutes avec lui. Sera-t-elle là aussi ? Verrai-je Bachar el-Assad en compagnie d'Asma, son épouse, ou bien sera-t-il seul ? Je l'ignore.

Je me suis évidemment posé la question du bien-fondé de discuter en « off » avec Bachar el-Assad à la suite de mon interview. Il reçoit peu de visiteurs étrangers ces derniers temps. D'après mes recherches, la dernière visite officielle remonte à la semaine passée. C'était le ministre des Affaires étrangères arménien. J'ai retrouvé leur photo sur un site Internet de la présidence. Ils étaient assis côte à côte, séparés par une petite table, et fixaient l'objectif d'un air parfaitement neutre, avec leurs drapeaux respectifs dans le fond. Depuis que Bachar el-Assad dirige la Syrie, le style de ces tête-à-tête n'a pas varié et les convulsions qui secouent le pays ne semblent pas les perturber. Son père, Hafez el-Assad, adoptait exactement le même décorum lorsqu'il recevait ses hôtes. Depuis le début de la guerre, le président syrien reçoit trois ou quatre visiteurs en moyenne par mois. Ministres iraniens, irakiens, pakistanais, indiens, parlementaires russes, leaders religieux, sans oublier les représentants de l'ONU, Lakhdar Brahimi puis Staffan de Mistura, venus discuter avec lui de multiples plans de paix qui, jusqu'à maintenant, ont tous échoué. Sur le site www.presidentassad.net, j'ai même repéré une délégation de Nord-Coréens. Je me demande bien ce qu'ils ont pu se raconter, entre « isolés » du reste du monde. Dans cette liste de visiteurs où l'Orient domine, s'immisce par moments une délégation de parlementaires français, souvent les mêmes – Thierry Mariani, Jean-Pierre Vial, Gérard Bapt, Nicolas Dhuicq, Valérie Boyer, Jean-Frédéric Poisson ou Jacques Myard –, et un sénateur américain, Dick Black, des élus à contre-courant des positions officielles de leurs pays respectifs et dont le rêve serait de mener une diplomatie parallèle. Il n'en est rien cependant. La France, comme les États-Unis, a coupé tous les ponts avec le régime syrien. Pour l'entourage de Bachar, le maintien vaille que vaille de ces tête-à-tête officiels au cérémonial feutré vise à communiquer l'image d'un président aux commandes. Pourtant, en ce mois de juin 2015, le pays brûle.

Six mois plus tôt, j'avais remarqué qu'à la fin de l'interview, il semblait vouloir poursuivre l'échange. George W. Bush ou Barack Obama n'avaient pas manifesté le même enthousiasme lors de nos rencontres. Pour les grands de ce monde, la présence d'un journaliste est quelque chose de délicat, de dangereux parfois. Mieux vaut limiter l'exercice au strict minimum. Même si tout semble calibré, on n'est jamais à l'abri d'une parole maladroite ou d'une mauvaise interprétation. Au cours de cette interview, j'avais posé des questions très dures. Je lui avais demandé par exemple s'il avait peur de finir comme Saddam ou Kadhafi. Je l'avais interpellé : pourquoi bombarder les civils ? J'avais fait mon boulot : celui d'interroger un homme dont les actes avaient conduit son pays à la guerre, même s'il n'était pas, loin s'en faut, le seul responsable. J'avais feint de ne pas remarquer le ton plus convivial adopté à la fin. Je m'en étais tenu à la photo souvenir, sourire crispé. Le soir même, réalisant que l'accès qui m'avait été offert était exceptionnel, je sollicitai une nouvelle rencontre, en « off » cette fois-ci, qui pourrait avoir lieu quelques mois plus tard. Je fis le calcul qu'il ne refuserait pas de parler à un journaliste étranger, ne serait-ce que pour avoir un avis extérieur, hors de la bulle dans laquelle il vivait enfermé. Lui qui autrefois aimait parcourir le monde, il n'avait effectué, au cours des cinq années qui venaient de s'écouler, qu'un unique déplacement à l'étranger : à bord d'un vol clandestin opéré par l'armée de l'air russe. C'était à Moscou, pour rencontrer Vladimir Poutine. Pour avoir des nouvelles du monde, il ne pouvait en effet se fier qu'à son ordinateur et à une garde rapprochée dont le contact avec l'extérieur était au moins aussi limité que le sien. Le format du « off » lui donnerait l'occasion d'un dialogue plus ouvert. Et moi, j'en apprendrais davantage sur lui.

Je devais faire attention à ne pas être instrumentalisé. Le régime syrien s'était montré assez machiavélique au cours de son histoire. Peut-être allaient-ils m'enregistrer à mon insu ou utiliser la respectabilité de *Paris Match* pour leur compte. Qui sait ? Sans le vouloir, j'allais peut-être me transformer en « visiteur du soir ».

Mes craintes s'avéreront infondées. Pas d'enregistrement, pas de malice – en apparence –, aucun piège – jusqu'à présent. Et c'est moi qui révèle cette rencontre en écrivant ces lignes. Je le fais parce que nous sommes peu nombreux à avoir vu Bachar el-Assad sous un jour différent, hors de la posture du dirigeant interviewé. Quand on a eu cette chance, alors il faut, après s'en être saisi, la faire connaître. C'est notre mission de journalistes. Il y avait aussi la question du fond. Que pourrais-je retirer de cet entretien ? Allais-je parvenir à mieux le connaître ? Allais-je le voir autrement ? Je n'en avais aucune idée.

Sur le plan rhétorique, Assad ne varie jamais. Il pose son honnêteté comme principe, et en sous-main, son régime fait ce qu'il veut. Il a du sang sur les mains, mais il prétend dès qu'on lui en parle que ses actions ne sont dictées que par l'impérieuse nécessité de sauver la Syrie. Il s'offre à la nation qui elle, en retour, se rassemble derrière lui. C'est une digue infranchissable. Pourquoi, dès lors, irait-il me confier d'autres choses ? Je sais qu'il ne regrettera rien, qu'il restera campé sur ses principes, sûr de son bon droit, qualifiant de « terroriste » quiconque aura pris les armes contre lui. Mais je veux creuser quand même. Je me dis : quel journaliste refuserait, en juin 2015, un entretien informel avec Bachar el-Assad à Damas ? Je me rassure en me disant qu'il n'est pas question de publier quoi que ce soit. À la différence de l'interview dans *Match*, cette fois-ci, il n'y a aucun enjeu. Sans magnéto, aucune contrainte. Je n'aurai pas à encaisser, comme la première fois, les condamnations sentencieuses de certains confrères, les analyses fumeuses des

« spécialistes » ou les foudres du ministère des Affaires étrangères. À l'époque de l'interview dans *Match*, j'avais eu droit dans *Le Monde* à une étude comparative avec l'interview d'Hitler réalisé en 1936 par Bertrand de Jouvenel… Hitler était Hitler, soit, mais Jouvenel était un journaliste admirateur des régimes fascistes ! Sur Europe 1, Laurent Fabius avait quant à lui qualifié mon interview de « publireportage ». Le journaliste Jean-Pierre Elkabbach qui l'interrogeait s'était insurgé : « Non ! C'est une interview parce qu'il y a des éléments très intéressants[12]… » En réalité, le ministre des Affaires étrangères ne décolérait pas : on laissait son pire ennemi s'exprimer dans les colonnes du premier magazine français. J'avais ouvert un débat sans fin sur le bien-fondé d'aller parler aux dictateurs. Dans la bouche de certains, j'avais parfois la désagréable impression qu'en voulant atteindre Assad, on cherchait aussi à abattre le messager. J'en avais conclu qu'il était bien étrange – et tellement français, car ce débat n'existe nulle part ailleurs – que le journaliste qui questionne soit assimilé aux actes de celui qu'il interroge.

Cette fois, ce serait Bachar et moi, face à face, avec ma mémoire comme micro. Cette expérience, je ne pouvais pas ne pas la tenter. Pour le reste, ce que j'en ferais plus tard – *inch Allah !* –, on verrait bien. Mises bout à bout, ces rencontres avec Assad donneraient peut-être pour l'histoire des éléments utiles pour cerner la personnalité d'un homme plongé dans l'isolement et dans la guerre. Mon contact m'avait dit de venir à Damas au prétexte d'un reportage à Homs. Il avait ajouté qu'en plus, il y aurait « l'autre sujet dont on avait parlé quand on s'était vus ». Car je n'ai jamais évoqué l'idée de cette rencontre au téléphone ou par e-mail. Il n'y avait pas à hésiter.

Au moment où j'arrive à Damas, l'heure est critique pour le régime syrien. Ces derniers mois, ses armées ont reculé sous la pression conjointe de l'État islamique et d'une multitude de mouvements armés, dont certains sont regroupés autour du front Al-Nosra, la branche d'Al-Qaida en Syrie. Il n'a pas encore reçu l'aide des Russes, mais il dispose de conseillers militaires iraniens comme le général Qassem Soleimani, le chef des gardiens de la révolution. Exemple frappant de l'influence de Soleimani, ce dernier lui a conseillé de ne pas gaspiller ses forces en se cramponnant à Palmyre, éloignée de près de 200 kilomètres de la route Damas-Homs-Hama-Alep. S'il veut s'en sortir, il doit consolider le « Y », l'axe vital de la « Syrie utile », soit la route Damas-Homs-Hama avec la branche qui va à Lattaquié, sur la côte méditerranéenne. Palmyre est donc tombée aux mains de l'État islamique. Dans toutes les guerres, l'information est interprétée en fonction du camp où l'on se situe. Un «repli stratégique» peut très bien s'appeler une «défaite». Dans certaines chancelleries occidentales comme en France, on y voit la preuve de l'incapacité du régime syrien à défendre un des joyaux de l'humanité. De son point de vue, Bachar el-Assad obéit à des impératifs stratégiques. En délaissant Palmyre, il joue sa survie. Palmyre a été livrée aux barbares, laissant une impression de fébrilité dans le camp gouvernemental et une symbolique trompeuse. En effet, très peu d'observateurs s'en rendent compte à l'époque, mais dans le nord de la Syrie, Bachar el-Assad vient de subir sa plus lourde défaite de toute la guerre. Quelques mois plus tôt, une coalition de groupes rebelles baptisée Jaysh al-Fatah (l'armée de la conquête) a conquis la province d'Idlib, qui reste encore aujourd'hui le plus grand territoire contrôlé par l'insurrection. Les conseils de Soleimani n'étaient pas superflus. Et la prise d'Idlib aura pour conséquence de précipiter l'intervention des Russes dans le conflit syrien.

8h40. Quelques minutes en avance, je fais comme convenu. Je m'assieds à une table dans le hall d'entrée et commande un thé. Après une route chaotique la veille pour passer la frontière, j'ai peu dormi. Au réveil, j'ai enfilé mon costume, le même que pour l'interview, après l'avoir repassé dans ma chambre sur un coin de table. La cravate aussi est identique. Je n'ai pas pensé à en changer. Tant pis. Trop tard. Dix minutes s'écoulent et les hommes de la présidence sont là, devant moi. Un jeune type, costume gris clair et cheveux gominés, qui parle un français impeccable, et un plus âgé, au visage buriné, qui arbore un sourire si large que j'ai l'impression de l'avoir déjà rencontré. Je monte à bord d'une Mercedes imposante. « Nous allons à la maison de la montagne », me dit le jeune. Je reconnais dans cette vague description le lieu où s'est déroulée mon interview précédente. Le trajet le confirme. Après avoir contourné la place des Abbassides, la voiture grimpe une rue, longe une colline face à laquelle se trouve l'immense palais présidentiel, puis elle bifurque vers une route en lacets, bordée de pins et d'une végétation dense au pied de laquelle on distingue un système d'irrigation élaboré.

« Pouvez-vous éteindre votre portable, s'il vous plaît ? » me dit le jeune au costume gris. J'obtempère à regret en pensant combien j'aimerais enregistrer les minutes qui vont suivre. Une fraction de seconde, j'envisage d'enclencher la fonction magnéto de mon iPhone en laissant celui-ci au fond de ma poche, mais je me ravise. Ce serait tellement bête de se faire prendre... Ce qui suit est donc le fruit de ma mémoire, que je sais bonne par expérience. Je vais passer près de trois heures avec Bachar el-Assad. Je n'ai pas tout retenu, bien sûr, mais j'ai consigné l'essentiel, juste après l'entretien, enfermé dans ma chambre d'hôtel. Je n'utiliserai pas de guillemets pour rapporter ces propos car ce dialogue ne saurait être considéré comme des citations. Nous, les journalistes, sommes parfois amenés à faire face à ce type de situation durant notre carrière ; nous ne pouvons alors invoquer que notre honnêteté. C'est l'unique principe qui m'a guidé lorsque j'ai retranscrit cet échange.

Comme la première fois, c'est lui qui vient me chercher sur le perron dès que le chauffeur ouvre la portière. Comme la première fois, je ne fais l'objet d'aucune fouille. Cette fois-ci, hormis un vieux domestique qui nous apporte le thé, nous sommes seuls. Comme il n'y a aucune caméra et aucun micro, Bachar el-Assad est d'emblée plus détendu. L'entretien a lieu naturellement en anglais.

– Vous êtes venu ici il y a six mois, c'est ça ? me dit-il, en m'invitant d'un geste de la main à prendre place dans un fauteuil en cuir noir.

– C'est cela, six mois très exactement.

– Vous réalisez combien le monde a changé depuis cette époque ?

– En effet, mais on ne peut pas franchement dire en mieux.

Il acquiesce.

– Votre interview était bonne, par rapport à certaines autres que j'ai données, parce que vous étiez honnête avec vous-même, me dit-il.

Honnête avec moi-même ? Sur l'instant, je ne sais trop quoi penser de cette remarque.

– J'ai posé les questions que je devais vous poser, lui dis-je. En 2004, lorsque j'ai rencontré le président George W. Bush à la Maison Blanche, j'avais aussi posé des questions difficiles, la France ayant refusé d'être associée à la guerre en Irak. Je cherche toujours à être le plus honnête possible.

Très vite nous en venons à la guerre. La multitude de revers que vient de subir son armée, ce sont des changements stratégiques, m'assure-t-il. Jusque-là, rien de nouveau. Il a réponse à tout. Je remarque cependant chez lui un trait que j'avais négligé la première fois : la dimension « informaticien » du personnage. En 1994, à son retour en Syrie et bien avant qu'il ne lui succède, son père l'avait mis à la tête de la Société informatique syrienne. Rôle officiel grâce auquel, en 1998, il avait participé à l'introduction d'Internet dans son pays. Mais je ne m'étais jamais rendu compte jusqu'ici à quel point cette disposition d'esprit charpente sa pensée et sa manière d'expliquer le monde. Il parle de l'État islamique comme d'un virus au sens informatique. Il évoque les délicates relations communautaires comme le logiciel qu'il faut installer pour rendre Mac et PC compatibles. Il semble puissamment imprégné de ses études scientifiques.

Il possède une connaissance fine du champ de bataille et de ses évolutions. Il évoque devant moi la situation à Idlib par exemple, la capitale provinciale du nord du pays tombée aux mains de Jaysh al-Fatah. C'est grâce à un docteur avec qui il a fait ses études que Bachar el-Assad a suivi l'évolution de la situation, me dit-il. Ce docteur était dans l'hôpital de la ville, assiégé par les rebelles, avant que l'armée syrienne ne vienne les secourir. Bachar el-Assad a donc suivi la défaite de son armée au travers du témoignage d'un de ses collègues de fac. Il n'a pas l'air ému de ce revers. Il semble fataliste. Après quatre ans de conflit, Assad ne donne pas l'impression de souffrir de sa mise au ban des nations, ni de l'isolement qui en résulte. Dans le fond, je ne le sens pas vibrer plus que ça pour la guerre qu'il mène, comme s'il existait un cloisonnement absolu entre ce qui se passe là-bas et le calme qui nous entoure. C'est en soi une contradiction avec l'usage du collectif dont il n'est jamais avare lorsqu'il parle de la Syrie. La guerre n'a pas le don de le mettre sur les nerfs, à la différence de Bush. Lorsqu'il était au pouvoir, le président américain dormait peu quand les choses allaient mal. Au petit matin, il s'informait avec passion par vidéoconférence auprès de ses généraux postés à Bagdad ou Kaboul. Assad dort peut-être mal. Il doit mal dormir. Dans sa situation, ce serait logique. Mais il n'en donne pas l'impression. Contrairement à ce que suggèrent les allures martiales qu'il arbore sur une série d'affiches placardée un peu partout dans Damas, Bachar el-Assad n'a pas la fibre guerrière. Cela ne veut surtout pas dire qu'il n'est pas déterminé – ou même violent. Mais il n'est pas de nature militaire. Ses gestes ressemblent à ceux d'un médecin qui délivrerait une prescription.

Lorsque je lui demande comment on a pu en arriver à un tel degré de décomposition et d'horreur dans son pays, il déploie sa rhétorique favorite : il est un dirigeant protégeant son peuple contre le communautarisme, l'infiltration du wahhabisme et toutes les trahisons des puissances occidentales et de la Turquie. Assad insiste sur les Turcs. Il en veut en particulier à leur leader, Recep Tayyip Erdogan.

– Lorsque Erdogan venait à Damas, me confie-t-il, il voulait à tout prix rencontrer Khaled Meshal [le représentant du Hamas palestinien à l'étranger]. Il voulait le voir seul. Après, il me remerciait en m'embrassant de l'avoir laissé le rencontrer.

Assad semble apprécier modérément les hommes qui se font la bise. Il y a là un point commun avec

Obama qui, lors de sa première rencontre avec Sarkozy, avait eu un choc face à l'étreinte fougueuse de ce dernier au moment de se dire au revoir. Il me décrit Erdogan comme un fanatique religieux doublé d'un nostalgique de l'Empire ottoman.

– S'il est en réunion et que c'est l'heure de la prière, il se lève et prie. Il ne peut pas attendre la fin.

Pour lui, la Turquie nourrit le front Al-Nosra, tout comme l'État islamique. La veille, l'hebdomadaire turc *Cumhuriyet* lui a apporté l'information dont il rêvait en révélant une livraison d'armes à l'État islamique depuis la Turquie.

– Sur le terrain, il n'y a en réalité que Nosra et l'EI, m'assure-t-il. Tous les autres groupes sont des appellations factices. C'est Nosra qui est derrière, qui n'est autre qu'Al-Qaida. Et certains ont beau les présenter comme plus modérés que l'EI, c'est faux. C'est la même application de la charia, les mêmes méthodes et surtout la même considération pour une seule communauté au détriment de toutes les autres.

Assad ne croit pas que la coalition ait réellement la volonté d'en finir avec l'État islamique.

– Leurs frappes sont cosmétiques, comme je vous l'avais dit en novembre. Cela n'a pas changé. Vingt-six frappes hier, contre plus de cent pour la modeste armée de l'air syrienne !

L'information est précise. Il lit donc les rapports militaires quotidiens. Mon œil est soudain attiré par l'énorme écran Mac qui occupe une partie de son bureau. Un iMac dernier cri doté d'un écran de 21 pouces. Je me dis que c'est depuis cet endroit qu'il observe le monde qui gravite autour de lui. Le reste des infos qu'il reçoit provient de collaborateurs qui, comme lui, sont presque tous bloqués en Syrie. Une grande partie d'entre eux figure d'ailleurs sur la liste des personnalités sous sanctions occidentales et interdites de voyager.

– Avez-vous davantage d'entente avec les Américains sur quelles cibles frapper ?

– Nous frappons parfois les mêmes, mais pas au même moment. Ils ne coopèrent pas vraiment.

Je décèle pourtant dans ses propos une sorte de bienveillance envers les Américains. Il me dit trouver logique l'attitude d'Obama vis-à-vis de la région et du conflit, plus claire en tout cas que celle de la France ou de l'Angleterre. A-t-il senti un désir du président américain de se désengager de la région ? Ce qu'on a appelé « la doctrine Obama » ?

– La menace de Daech a-t-elle changé quelque chose dans vos relations diplomatiques internationales ?

– Pas franchement au niveau des États. En revanche, on sent un ton nouveau avec certains interlocuteurs, notamment dans les instances internationales.

Nous poursuivons dans les méandres de la guerre civile syrienne. Je cite Malraux quand il disait que « la guerre civile est la pire des guerres car on connaît celui qu'on tue ». Il marque un temps d'arrêt, le regard soudain fuyant. Difficile de savoir à quoi il pense. Il n'y a plus un bruit. Le vieux domestique venu nous apporter du thé a disparu. Je suis seul avec Bachar au milieu de cette pièce, et ce silence imprévu m'apparaît comme la contraction de tous les bruits de la guerre qui, d'un coup, se seraient tus pour laisser place à un pays qui retient son souffle. L'incarnation du moment historique où tout tient encore, les structures du vieux régime, mais où tout peut basculer. Je réalise que dans ses propos, Bachar el-Assad ne parle jamais d'avenir. Il ne se projette pas, hormis en répétant comme il l'a déjà fait au cours de l'interview que l'important n'est pas qu'il se maintienne ou non au pouvoir. Il le fait pour la Syrie. Il ne le fait que parce que le peuple syrien l'exige.

Depuis cinq ans, la Syrie est un éternel présent. Même le passé a l'air très lointain. Il évoquera devant moi son père qui, me dit-il, ne parlait jamais de politique à table. De sa jeunesse, il se souvient avoir été surpris, à l'âge de treize ans, de découvrir son nom figurant sur la liste des hommes à abattre établie par les Frères musulmans à l'époque où son père leur faisait la guerre. On sent une nostalgie pour ces années d'insouciance, quand le clan Assad régnait en maître absolu sur une Syrie soumise mais heureuse. Difficile de lui donner tort lorsqu'il dit qu'elle l'était certainement plus qu'elle ne l'est aujourd'hui. En ces temps de plongée dans les abysses, ce sont les communautés religieuses qui parlent, y compris dans son propre camp. « Votre femme devrait porter le voile », lui a dit au début du conflit un leader chiite. « Mais ma femme porte ce qu'elle veut, lui a-t-il répondu. Je ne me permettrais pas de lui dicter ses choix. »

– Comment envisagez-vous l'émergence toujours plus forte du religieux ?

– Ici, vous ne pouvez pas critiquer la religion, me répond-il. C'est impossible. La Syrie n'est pas la protectrice des minorités religieuses et des chrétiens en particulier, comme je l'entends souvent. L'État syrien a permis de créer un cadre pour la cohabitation de tous les courants de l'islam, du christianisme et autres. Regardez chez vous. Le problème que vous avez avec vos banlieues n'est pas de l'ordre du religieux. Ce n'est pas parce qu'ils sont musulmans qu'ils posent problème. C'est parce qu'ils n'adhèrent pas ou plus à un ensemble de valeurs qui sont les vôtres, parce qu'ils s'en sont éloignés.

Il va de soi, que les valeurs dont il parle, il les considère comme siennes. Au risque de déranger certaines bonnes consciences occidentales, ce que me dit Bachar, c'est qu'il y a infiniment plus de points communs entre nous et lui qu'entre nous et ce qui arrivera s'il tombe. Et il est très difficile, à moins de faire preuve d'une énorme mauvaise volonté, de lui donner tort. Je me remémore alors les choses qui me sont permises à Damas. Hier soir en arrivant, je suis allé manger des sushis dans un restaurant. Ensuite, j'ai bu un verre en terrasse, avec des amis. Je me suis dit qu'en dépit de la guerre, on pouvait toujours faire cela à Damas. Et je suis certain que si par tous les hasards du monde je parvenais, avec toutes les garanties, à faire un reportage dans l'autre camp, cela serait impossible. D'où la question : où se situe la civilisation ? Car, même plongée en pleine guerre, la Syrie n'est pas le camp de concentration à ciel ouvert que décrivent à longueur de papiers certains confrères.

J'en arrive au sort de Baba Amr, ce quartier de Homs, symbole en 2012 de la rébellion et que son armée, je le précise devant lui, « a anéanti sous une pluie de bombes ». Je l'évoque avec d'autant plus d'émotion, lui dis-je, que c'est là qu'est mort notre photographe Rémi Ochlick, tué par un obus lancé par son armée qui assiégeait le quartier et dont on accuse son propre frère Maher d'avoir dirigé le tir. Je lui rappelle cet épisode qui m'a beaucoup marqué.

– J'ai relu des articles de cette époque, lui dis-je. Vous avez utilisé toute la force de votre artillerie.

– Mais en face, ils avaient des mortiers et aussi de l'artillerie.

– Peut-être, mais vous auriez pu engager un dialogue ? Ne serait-ce que d'un point de vue pratique, en ciblant ces populations, n'aviez-vous pas conscience que vous alliez vous créer plus d'ennemis que vous n'en éliminiez ?

– Au début du conflit, nous avons essayé. Nous avons envoyé des policiers sans armes. Mais ils ont été tués. Nous ne pouvions plus ne pas les défendre. Leurs familles n'auraient pas compris une attitude pareille.

Il reste inébranlable dans la défense de son rôle dans la crise et sur le fait qu'il ne s'en considère en aucune façon responsable. S'il admet des erreurs, il ne les détaille jamais vraiment.

Responsable, il ne l'est pas non plus de l'assassinat de Rafic Hariri. J'évoque devant lui un article du *New York Times* qui décrit l'investigation méthodique diligentée par l'ONU, en particulier l'usage d'une série de téléphones portables dont l'activation progressive montre qu'il existait un immense complot, avec au bout le kamikaze et la mort d'Hariri. Je lui décris ce rapport que j'ai lu et qui implique deux hauts gradés du Hezbollah assassinés depuis, Imad Moughniyeh et Moustapha Badreddine.

– Vous savez, me répond-il, je peux très bien, à partir d'un logiciel, faire apparaître n'importe quoi sur votre téléphone. C'est très facile.

Une nouvelle fois, c'est l'informaticien qui parle. En dépit de mes modestes connaissances dans le domaine de la surveillance téléphonique, je trouve l'argument bien simpliste. Bachar el-Assad aurait-il les compétences d'un hacker ?

– L'enquête diligentée par la communauté internationale est précise. Elle a coûté très cher.

– Cette enquête ne mènera nulle part. Il n'existe pas de preuves.

– On vous accuse personnellement d'être le commanditaire. Avez-vous fait tuer Rafic Hariri ?

– Hariri et le Hezbollah s'entendaient parfaitement. Quant à nous, nous le soutenions contre Émile Lahoud. Nous n'avions donc aucune raison de commettre un tel acte.

– Pourquoi a-t-il été tué alors ?

– Hariri était un homme d'affaires. C'est peut-être de ce côté-là qu'il faut chercher l'explication.

Cet échange musclé a la particularité de ne pas ternir sa bonne humeur, un autre trait de son caractère. Qu'on le pousse dans ses retranchements ou qu'on cherche à voir s'il est capable de compassion – en évoquant par exemple la tragédie de Baba Amr –, il en ressort toujours intact et souriant. Tout glisse sur lui comme sur un métal inoxydable et il conclut chaque fois par un sourire. Ce blindage émotionnel, c'est peut-être la clef pour comprendre Bachar el-Assad. Sa modernité fait qu'il s'est montré sans doute plus meurtrier que son père, car plus détaché. D'où peut-être des décisions brutales comme l'utilisation massive de l'artillerie – encore que, sous son père, l'armée n'y soit jamais allée de main morte. Bachar a moins la connaissance intime du peuple syrien que ne l'avait Hafez el-Assad. Le « Lion de Damas », comme les Américains surnommaient Hafez, était issu du bas de l'échelle, d'une famille de paysans alaouites au sein de laquelle il fut le premier à aller à l'école. Bachar vient d'un autre monde, un ailleurs où il a grandi, pour une part éloigné de la Syrie. Par rapport à son père, il ressent sans doute moins les soubresauts de son peuple.

On en revient au Hezbollah et à son leader Hassan Nasrallah. Je l'interromps car je dois absolument aller aux toilettes.

– C'est par là-bas, me dit-il en désignant une porte.

Je traverse alors un vestibule décoré de dessins minimalistes et de pièces d'art contemporain. On sent clairement l'influence d'Asma dans la décoration, son goût hérité d'un passé au Royaume-Uni au travers de peintures figurant Picadilly Circus et Trafalgar Square. Sur un cintre sont empilés des vêtements de femme et des blousons d'enfants. Sa famille le rejoint donc parfois sur son lieu de travail. Je ralentis le pas et j'imagine ses enfants jouant dans la pièce. Me voici maintenant dans les toilettes de Bachar el-Assad qui ressemblent à celles d'un grand hôtel avec de l'émail doré et des lavabos en faïence. Lorsque j'en ressors quelques minutes plus tard, je le retrouve debout, seul au milieu de la pièce, un talkie-walkie à la main. Il semble un peu perdu, comme s'il n'avait pas l'habitude de la solitude. Je me dis à ce moment qu'ils sont nombreux ceux qui souhaiteraient ardemment la disparition de l'homme qui est en face de moi. Il tourne la tête, regarde en l'air jusqu'à ce qu'il m'aperçoive. D'un grand sourire, il m'invite à reprendre ma place, puis nous reprenons la conversation exactement là où nous l'avions laissée. C'est-à-dire à Nasrallah donc au Liban, dont on peut dire aujourd'hui, à la faveur du chaos ambiant, qu'il est l'un des rares pays de la région à ne pas sombrer.

– Quand on regarde ce qui se passe au Liban, lui dis-je, cela reste un pays extrêmement divisé, morcelé, et qui ne parvient toujours pas à se choisir un président. Malgré tout, il semble que le souvenir de la guerre civile des années 1980 fait qu'en dépit des différences extrêmes, ils finissent toujours par se retrouver autour d'une table pour négocier. N'y a-t-il pas là un exemple à suivre pour la Syrie, un exemple qui montre qu'il est possible de ne pas s'entre-tuer et que, pour l'avenir, un processus de réconciliation peut intervenir ?

Ma question le laisse rêveur. Il ne s'attendait pas à ce qu'on lui parle du Liban comme d'un modèle à suivre. Il ne dit pas non, mais ne répond pas vraiment. Il revient à la ville de Homs, non pas pour reparler de Baba Amr mais parce que le gouvernement l'a reconquise et que, semble-t-il, un processus de réconciliation est en cours. Nous sommes invités le lendemain à nous rendre sur place pour le constater. En dehors d'un entretien avec le gouverneur, nous ne verrons pas grand-chose en réalité.

On en arrive à l'État islamique. Il confirme que l'état-major de Daech est bien composé d'une majorité d'anciens cadres baasistes et qu'au niveau inférieur se trouvent les fanatiques religieux chargés du recrutement et de la propagande.

– Daech est un monstre créé de toutes pièces, affirme-t-il. Son origine se trouve en Irak, dans les conséquences de l'invasion américaine.

Je lui fais remarquer que lui-même dirige un parti Baas. Les frères ennemis Syrie et Irak se retrouvent donc face à face, comme à l'époque du soulèvement de la ville de Hama, quand les Frères musulmans, soutenus par Saddam Hussein, furent anéantis par l'armée syrienne et les milices de l'oncle de Bachar, Rifaat el-Assad.

– Parlons maintenant de l'Iran. On dit que son influence et son emprise sur votre pays sont grandissantes, est-ce vrai ?

– On ne peut pas nier l'influence de l'Iran. Regardez en trente ans ce qu'ils ont accompli. Malgré l'embargo, leurs progrès technologiques sont considérables. Leurs connaissances scientifiques sont importantes. C'est une véritable puissance. Mais puisque vous avez évoqué l'Irak, c'est son invasion par les Américains qui a propulsé l'Iran comme puissance régionale, par un effet mécanique.

– Vous voulez dire que George Bush a joué un sale tour à l'Arabie saoudite ?

– Les Saoudiens ne sont pas malins. Ils ont mis du temps à comprendre ce qu'il s'est passé. Le roi Abdallah nous soutenait d'ailleurs, au départ.

– Êtes-vous conseillé par le général iranien Qassem Soleimani ?

– Je le connais très bien, depuis bien avant le début de la crise. Il est en effet la preuve de l'influence de l'Iran, mais ce n'est pas parce qu'on voit sa photo quelque part que les Iraniens tirent partout les ficelles.

Mon regard est à nouveau attiré par l'immense écran Mac qui se trouve sur le bureau derrière nous. Je me demande ce qu'il peut bien y avoir sur son disque dur. J'en profite pour lui demander s'il ne craint pas que la toute-puissante NSA américaine puisse lire ses e-mails et percer les secrets qu'il échange avec son gouvernement et ses généraux ?

– Ils peuvent voir tout, c'est vrai, m'avoue-t-il. Donc il faut être malin. En réalité, c'est assez simple de faire croire que vous êtes dans un endroit alors que vous êtes ailleurs, s'esclaffe-t-il avec un petit rire saccadé.

C'est encore l'expert en informatique qui a parlé.

– Ils ne comprennent pas comment fonctionne le pouvoir en Syrie, reprend-il, parce qu'ils ne comprennent pas notre mentalité. Ils s'imaginent toujours que tel ou tel cousin, beau-frère ou oncle tire les ficelles, ou qu'ils pourront s'appuyer sur lui si je m'en vais. Ce n'est pas comme cela que nous fonctionnons.

Il ne me dira pas comment le pouvoir s'exerce dans son pays. En tout cas, cette évocation le laisse songeur. Il en sourit. Il pense peut-être à ces instants où il contemple le monde depuis le grand écran de son iMac et au mystère que représente la Syrie pour les Occidentaux. Il se délecte d'avoir déjoué les pronostics de longévité de son régime auquel des gens aussi sérieux que l'ambassadeur américain Robert Ford ou le ministre de la Défense du vieil ennemi Israël ne donnaient que quelques semaines d'existence au début du conflit. Depuis cinq ans, il voit le monde sur son écran, au cœur de cette pièce, dans cette « maison de la montagne » comme l'appelle l'homme du protocole, nichée dans la chaîne du Qalamoun qui est le cœur de la Syrie. Une forteresse, mais aussi une prison dont il semble qu'il ne pourra jamais sortir.

J'ai rencontré Bachar el-Assad à une époque où tout allait très mal pour lui, peut-être le pire moment de toute la guerre. Pourtant, à aucun instant je n'ai senti de doute chez lui. Tout juste avouera-t-il peu après, lors d'une allocution publique, que l'armée arabe syrienne souffre d'une pénurie d'hommes. Cette franchise sur l'état de ses troupes mettra en ébullition les médias du monde entier. Pour les politiques occidentaux, elle sera perçue comme la preuve que le régime syrien est à l'agonie. À ce moment-là, c'est certain, il y avait du souci à se faire. Depuis le début, nos politiques n'ont pas varié dans leur attitude vis-à-vis de Bachar. Dès mars 2011, il devait partir, comme Saddam Hussein, Ben Ali, Kadhafi ou Moubarak étaient partis avant lui. Pendu, chassé, exécuté ou mis à la retraite. À cette époque, la Syrie était l'ultime pièce du puzzle des révolutions arabes. Le vent de la liberté soufflait sur le Moyen-Orient. La chute de Bachar, c'était dans la logique des choses, dans le sens de l'histoire, comme disent les marxistes.

Personne n'avait compris, ou ceux qui le savaient dans les chancelleries se gardaient bien de le dire, que le système politique au pouvoir en Syrie était bien plus solide que les régimes vermoulus de Tunisie, de Libye ou d'Égypte.

Bachar el-Assad semblait sûr de sa force, dans ses paroles comme dans son attitude. Face à lui, l'opposition apparaissait divisée, entre groupes rebelles islamistes et modérés. J'ai effectué six séjours en Syrie en deux ans, dont certains à des périodes où le pouvoir syrien était en mauvaise posture. À aucun moment, je n'ai eu le sentiment qu'il perdait pied. La Syrie m'a toujours semblé dirigée, comme obéissant à des règles souterraines complexes. Quelles que soient les circonstances, ses partisans ont toujours affiché une croyance inébranlable dans la perpétuation de la République arabe syrienne, une certitude dans sa capacité à survivre. L'un des torts de l'Occident est d'avoir estimé dès le début que le régime était au bord de l'effondrement et de n'avoir vu en Bachar el-Assad que la marionnette involontaire d'un système à l'agonie. L'ambassadeur français Éric Chevallier fut un des rares à ne pas tomber dans le panneau. Ainsi, au début de la crise en 2011, alors qu'au Quai d'Orsay on envisageait l'avenir comme la suite logique du tsunami qui avait emporté les autres autocrates arabes, Éric Chevallier, fin connaisseur de la Syrie, avait prévenu ses supérieurs à Paris : « Le régime d'Assad ne tombera pas, Assad est fort [...] J'ai visité diverses régions de la Syrie et je n'ai pas le sentiment que le régime en place est en train de s'effondrer[13]. »

Personnellement, j'ai connu quelques pays au bord de l'effondrement. Je peux citer l'Irak après l'invasion de 2003 et l'Afghanistan après 2001. En dehors des bases américaines ou de la coalition, l'extérieur ressemblait au far west. Les Américains l'appelaient d'ailleurs la « zone rouge », en opposition à la « zone verte » qu'ils contrôlaient et qui, si l'on excepte quelques projections de missiles et d'obus, était relativement *safe*. En 2006, dans Bagdad « libérée » de la dictature de Saddam, nous circulions en voiture avec la peur au ventre de nous faire kidnapper. Je n'ai jamais eu cette impression en Syrie, même lorsque l'opposition a conquis une multitude de quartiers dans la périphérie de Damas et qu'à Homs, comme plus tard à Alep, elle semblait en mesure de l'emporter. Le régime a tenu bon et les structures sécuritaires et étatiques sont restées en place.

6

Le grand jeu

Trois mois après ma rencontre avec Bachar el-Assad le 3 septembre 2015, la Russie répond à la demande officielle du président syrien d'« aide militaire ». Sous cette terminologie trompeuse se cache une authentique intervention militaire. C'est à ce moment-là que les choses changent vraiment. Avec l'appui de l'aviation russe, qui opère depuis la base de Hmeimim près de Lattaquié, l'armée syrienne et ses alliés – le Hezbollah et diverses milices supplétives dont des volontaires afghans et irakiens – mettent en place une reconquête du territoire. Les méthodes des Russes ne tardent pas à être décriées pour leur brutalité et le peu de cas qu'elles font des civils, lors des frappes aériennes notamment. Ce n'est pas nouveau. Depuis la Seconde Guerre mondiale, ils font un usage immodéré de l'artillerie, de l'aviation et du blindé. C'est un peu leur spécialité. Dix ans plus tôt, à Grozny, en réduisant la capitale tchétchène en cendres, ils ont rappelé au monde qu'ils étaient à la hauteur de leur réputation. Mais les Russes ont cette fois un plan plus « subtil » qu'un matraquage aérien et une pluie d'obus.

Leur tactique porte ses fruits une première fois en mars 2016, lorsque le gouvernement syrien reprend Palmyre. Nous étions parmi les premiers journalistes à pénétrer dans la cité antique après le départ de Daech. La bataille de Palmyre a d'abord été un intense pilonnage d'artillerie, avec notamment l'utilisation d'hélicoptères russes anti-blindés, les MI-28, équipés de missiles d'une puissance de feu comparable à celle des plus gros obus d'artillerie. Pour l'offensive, les Russes ont eu recours à une société privée baptisée « Wagner », du nom de guerre de son fondateur, Dmitry Utkin, un ancien *spetsnaz*, c'est-à-dire un membre des forces spéciales. Utkin fut aussi officier du renseignement. Cette société est fondée sur le modèle d'Academi (ex-Blackwater) chez les Américains. Les mercenaires de Wagner ont été envoyés en première ligne en coordination avec les forces spéciales russes et syriennes, sans oublier le Hezbollah. Wagner aurait perdu plusieurs dizaines d'hommes dans la prise de Palmyre. Leur action, privée donc clandestine, permet à Moscou de limiter les pertes chez ses soldats réguliers et ainsi de ne pas alarmer une opinion russe encore hantée par le souvenir de l'Afghanistan. À ce propos, et en dépit des prédictions apocalyptiques faites par les médias occidentaux, rien n'a ressemblé au bourbier afghan. D'un ton péremptoire, Barack Obama prédisait le pire aux Russes : « Toute tentative de la Russie d'aider Assad et de pacifier la population se terminera en un bourbier. Cela ne marchera pas. » Le président américain ignorait sans doute que les Russes avaient su tirer les conséquences de leur échec afghan. D'un point de vue stratégique et militaire, l'opération a même été un indéniable succès. L'historien militaire Michel Goya explique que « ces résultats ont été obtenus avec des ressources assez limitées, représentant par les forces engagées (4 000 à 5 000 hommes et 50 à 70 aéronefs comme force principale) et leur coût d'emploi (environ 3 millions d'euros par jour) environ le quart ou le cinquième de l'effort américain dans la région. On peut comparer aussi cela avec l'action de l'opération française au Levant *Chammal* (1 200 hommes et environ 15 aéronefs, 1 million d'euros par jour) et qui, pour n'évoquer que le volet appui aérien, représente une moyenne de 6 sorties aériennes (dont une frappe) par jour pour 30 à 40 pour les Russes. Au regard des résultats obtenus, il est incontestable que les Russes ont une "productivité" opérationnelle (le rapport entre les moyens engagés et leurs effets stratégiques) très supérieure à celle des Américains ou des Français[14] ».

L'échec de Daech à Palmyre est un événement d'une portée considérable. Les Russes exploiteront ce succès en organisant peu après, au cœur des ruines antiques, un concert dirigé par Valery Gergiev, un de leurs plus célèbres chefs d'orchestre. Échec militaire pour l'EI donc, mais, plus encore échec psychologique. Plus que Kobané, Tikrit, Ramadi, qu'on peut considérer comme des replis temporaires, Palmyre est la première grande défaite de l'État islamique. Ici, surtout, celui-ci a failli dans sa mission obscurantiste : Daech a été incapable de faire table rase du passé, de l'art et de la culture, tout ce qu'il honnit tant. Peut-être par simple esprit pratique, d'ailleurs. Nous avions noté, à travers certains graffitis, que des émirs avaient occupé les ruines. Ils étaient bien conscients qu'à cet endroit, ils ne seraient pas inquiétés par les frappes aériennes de la coalition. En occupant la ville pendant dix mois, les djihadistes ont peut-être fini par comprendre qu'ici les siècles les regardaient agir avec la ferme intention de leur demander un jour des comptes…

Au lendemain de la victoire de son armée – aidée par les Russes – à Palmyre, ce ne sont pas les batailles qui s'annoncent à Raqqa ou à Mossoul qui préoccupent Bachar el-Assad. Son attention se porte alors sur Alep, la grande métropole du nord de la Syrie. Je l'imagine assis à son bureau de Damas, regardant défiler sur l'écran de son iMac les informations au sujet de la confrontation qui se profile. Près de lui, accrochés aux murs de son bureau, j'avais remarqué la présence de dessins d'enfants. Ce sont, m'a-t-on dit, ceux des fils et filles de soldats morts au front. C'est sa manière à lui de leur rendre hommage. En parallèle, il rend souvent visite à ces mêmes enfants et à leurs mères. Asma passe aussi une grande partie de son temps au chevet des blessés et des veuves de guerre. En Syrie, dans tous les camps, les pertes s'accumulent et le massacre n'est alors pas prêt de s'arrêter.

À Alep, Assad veut frapper un grand coup. Il est conscient qu'une partie des enjeux du conflit se déroule là-bas. Coupée en deux depuis quatre ans et demi, la partie est de la ville est sous le contrôle d'une myriade de formations militaires, un temps rassemblées sous la bannière de la coalition Jaysh al-Fatah. L'ouest de la ville est encore entre les mains du gouvernement, mais – Bachar el-Assad et ses généraux en sont convaincus – sans un contrôle total d'Alep, impossible d'opérer un retour dans le nord du pays. Alep n'est pas seulement la seconde ville de Syrie. Bien plus grande et plus riche que Damas, elle a longtemps fait figure de poumon industriel de tout le Moyen-Orient et de plaque tournante du commerce avec la Turquie. S'en emparer signifie consolider l'axe vital de la Syrie. Politiquement, psychologiquement, médiatiquement, cette prise militaire privera les rebelles de leur dernier grand centre urbain, et la légende de leur invincibilité commencera à vaciller. C'est donc en direction d'Alep qu'Assad va concentrer son effort. Ni l'Occident – en particulier les Américains –, ni bien sûr les rebelles n'ont l'intention de lui rendre la partie facile. La bataille d'Alep s'annonce longue et cruelle. J'aurai l'occasion de m'y rendre à deux reprises au cours de ces longs mois de siège.

7

Alep, tournant de la guerre

Jeudi 22 septembre, 2 heures du matin. Des déflagrations sourdes, d'une intensité inouïe, font trembler la ville. La nuit est traversée d'éclairs. Le ciel est rouge. Une fois leurs bombes larguées, les avions tracent de grandes boucles dans le ciel d'Alep. Depuis un balcon de l'hôtel *Dedeman Méridien* où nous nous trouvons, je regarde ce ciel qui m'évoque les images de Berlin incandescente en 1945. Quelques jours plus tôt, notre hôtel figurait dans un clip promotionnel produit par le ministère du Tourisme syrien. On y voyait des jeunes gens en maillot festoyant au soleil, au bord de la piscine. On voudrait nous faire croire qu'en dépit des pilonnages et des destructions, Alep reste un endroit où il fait bon vivre. Cette nuit-là, un obus tombera dans la même piscine.

Il n'y a pas que le camp gouvernemental qui participe à cette symphonie nocturne morbide. Tandis que l'aviation frappe l'est de la ville, les obus rebelles s'abattent à leur tour tout près de nous. C'est une riposte plus artisanale, néanmoins au rythme d'une impressionnante explosion tous les quarts d'heure. Les habitants de l'ouest ont surnommé « canons de l'enfer » ces projectiles bricolés à partir d'une roquette que l'on a coiffée d'une bonbonne de gaz. Hier, tout près d'ici, une mère et son fils ont succombé à l'un d'eux après qu'il a eu frappé la façade de leur immeuble. Les images des corps à la morgue tournaient en boucle sur la télévision dans le hall de l'hôtel, en même temps que celles d'un convoi humanitaire bombardé cette fois par les Russes.

On parle parfois de trêve, mais tout ce que nous observons depuis notre arrivée nous laisse penser qu'elle n'a jamais pris forme. Impossible de fermer l'œil. Le duel bombardiers contre bonbonnes de gaz se poursuit jusqu'au lendemain dans la matinée. Un duel inégal : dans la zone rebelle, cette nuit et les suivantes compteront parmi les plus meurtrières.

Du monde extérieur, les Aleppins ne voient plus que les visages de John Kerry et Sergueï Lavrov sur leurs chaînes d'infos. Ces deux diplomates tout-terrain ont pour mission de mettre un terme à un conflit dont la complexité et la cruauté ne font que croître à mesure qu'il dure. Ils prennent chaque jour plus d'importance alors que les relations de leurs dirigeants, Barack Obama et Vladimir Poutine, se distendent.

À l'image de ces pourparlers, rien n'est simple à Alep. La route pour s'y rendre est un casse-tête sans nom. Nous sommes partis la veille de Damas, aux aurores. À la hauteur de Homs, au centre du pays, il a fallu emprunter un corridor en direction de l'est, puis du nord. Établi de part et d'autre de la route et large d'une cinquantaine de kilomètres, ce couloir est surveillé tant bien que mal par l'armée syrienne. Pour résumer : à gauche de la route, on trouve Al-Qaida ; à droite, l'État islamique. Pas question d'improviser lorsque, à un embranchement, la signalétique fait défaut. Il ne s'agirait pas de tomber sur le mauvais check-point… À un moment, l'incertitude est telle que notre chauffeur doit effectuer un demi-tour prudent pour demander son chemin à des riverains. Au niveau d'Ithryia, un relais routier situé à mi-chemin entre Homs et Alep, un panneau place Raqqa, la capitale du « Califat », à 150 kilomètres à l'est.

Le village suivant, Khanasser, n'est qu'un amas de ruines auquel les militaires syriens et leurs alliés libanais du Hezbollah s'accrochent tant bien que mal. Daech y a fait plusieurs incursions. Et il leur arrive encore d'y planter des IED, des mines artisanales placées sous la chaussée la nuit. Aux check-points – tous les 10 kilomètres environ –, nous perdons un temps fou à montrer nos papiers. Notre qualité de Français semble inquiéter les soldats en faction. Je me rends bientôt compte que lorsqu'ils parlent entre eux, ils associent «*firansi*» (français, en arabe) au mot «Daech». Au début, je ne comprends pas pourquoi. En y réfléchissant, je réalise que les seuls Français dont ces hommes ont entendu parler sont les volontaires de Daech – et leur réputation est épouvantable. Ce sont «les plus cruels», m'a certifié un officier syrien. La confusion s'estompe lorsque le délégué du ministère de l'Information qui nous accompagne brandit nos laissez-passer. Cependant, le message est clair: entre notre gouvernement qui s'érige en farouche adversaire du régime et certains de nos ressortissants qui combattent dans les rangs de l'État islamique, les Français n'ont pas bonne presse dans la région. Et nous ne sommes pas au bout de nos surprises.

Le désert a maintenant laissé place à une campagne verdoyante – mais tout aussi abîmée. Dans les champs, les chenilles des chars ont réduit en miettes des systèmes d'irrigation. Lorsqu'on atteint les faubourgs de la ville, la route se transforme en un labyrinthe qui serpente entre les ruines d'une cimenterie et des bâtiments rectangulaires criblés d'impacts qui faisaient jadis la fierté du régime: les académies militaires d'Alep.

Au petit matin, nous y retrouvons le général Brahim. Yeux clairs, barbe de trois jours et visage marqué par le soleil et la fatigue, il a réuni ses officiers autour d'un thé noir. Règle de base en Syrie : à cause des snipers, aucun gradé ne doit porter ses galons sur la ligne de front. Le général n'y déroge pas. Brahim n'est même pas son vrai nom, qu'il refuse de nous divulguer. Il porte une tenue beige camouflée, avec aux pieds des sandales. C'est lui, nous a-t-on dit, qui, il y a deux semaines, a rétabli ici même le siège de la partie est d'Alep que les rebelles étaient parvenus à briser. Il me semble comprendre que le Hezbollah, incontournable dans le nord de la Syrie, lui a donné un petit coup de pouce. Au bout de la rue, au sommet d'une colline, la bannière jaune flanquée d'une kalachnikov noire de la milice chiite libanaise confirme sa présence. Le général Brahim nous est clairement hostile. « Vous voulez savoir comment on s'y est pris pour rétablir le siège ? me dit-il. Ne vous fatiguez pas à me le demander. Adressez-vous aux ministères de la Défense français et américain. Ils ont des satellites. Ils observent tout ce que nous faisons. » Ce général se fiche pas mal que je sois journaliste. Il m'identifie comme français. C'est souvent le cas en reportage, hélas. Notre métier s'estompe derrière notre nationalité. À travers ma personne, c'est à mon gouvernement qu'il adresse un message. Désagréable... Pendant la discussion, derrière nous, des soldats s'escriment à fixer sur un immeuble calciné un immense portrait de Bachar el-Assad avec en arrière-plan la citadelle d'Alep. La bataille d'Alep est alors loin d'être terminée, mais cette image martiale du leader syrien placée à l'endroit même où les rebelles avaient brisé le siège de la ville vise à montrer le caractère inéluctable d'une reconquête totale. Un peu plus loin flotte un drapeau du front al-Nosra, petit point noir sur l'horizon. C'est à ce genre de détail que je prends conscience que la ligne de front est toute proche. « Autre chose, ajoute le général, il y a des compatriotes à vous qui combattent chez les rebelles. Nous en avons tué pas plus tard que la nuit dernière. » Son propos est-il censé m'émouvoir ? Me prendrait-il pour leur complice ? Cela m'interpelle cependant. Parmi les recrues européennes de l'État islamique, les Français sont les plus nombreux. Daech n'est pourtant pas présent dans la ville d'Alep. Ces Français-là doivent faire partie d'un des groupes islamistes qui combattent ici. Devant mon air peu convaincu, il insiste : « Il y a des terroristes français, je vous l'assure. Des Tchétchènes aussi. » Pas le temps d'approfondir. La conversation est interrompue. Trois mortiers sont tombés tout près. Le général se lève de son siège, termine son thé à la va-vite puis, d'un geste de la main, nous fait signe qu'il faut partir.

Nous prenons alors la direction du quartier de Salahuddine, en longeant des carcasses de camions surmontées de bidons multicolores censés nous protéger des tireurs embusqués en face. Salahuddine est le symbole de la division d'Alep. Dans les rues de ce quartier populaire, une barricade faite d'épaves d'autobus matérialise trois ans d'une séparation presque intime. Comme à Berlin à l'époque du Mur, les gens continuent à se parler d'un immeuble à l'autre, de part et d'autre de la ligne de démarcation. Certaines familles sont déchirées entre les deux camps. Pour permettre aux habitants de faire leurs courses sans risquer d'être atteints par une balle, on a dressé de grandes bâches blanches entre les bâtiments. Ce matin, pour riposter contre les frappes aériennes auxquelles nous avons assisté la nuit dernière, les rebelles ont coupé l'eau du quartier. Et de toute la ville par la même occasion, car ils ont aussi la main sur la canalisation principale. À Salahuddine, les civils ont depuis longtemps adopté des comportements de militaires. Pour échapper aux dangers, ils ont recouvert d'une fine couche de boue rougeâtre – la couleur de la terre à Alep – la carrosserie de leurs voitures. Un camouflage efficace qui, dans la partie gouvernementale, est censé tromper la vigilance des snipers. Dans le camp rebelle, on camoufle de la même façon les véhicules, pour tromper cette fois les pilotes. Chacun s'adapte. Tous partagent la même obsession : survivre. « Ici, nous avions tout avant la guerre, m'assure Ahmad Agil, le propriétaire d'une boutique de carrosseries et de pièces détachées pour moteurs. Vous pouviez faire réparer un camion à n'importe quelle heure du jour et de la nuit. » Désormais, les camions font office de ligne de front, les usines de champ de bataille, et chaque habitant redouble de vigilance en sortant de chez lui.

Un brancard repose contre la devanture du magasin d'Ahmad. Garée sur le trottoir, portières ouvertes, une ambulance se tient prête. Les habitants se relaient pour apporter quelques victuailles et un peu de thé à son chauffeur. Tout Alep crève de faim en ce mois de septembre. Ce matin, à l'hôtel, on ne trouvait que quelques olives et un peu de yaourt en guise de petit-déjeuner. Mieux vaut se méfier de la viande, souvent avariée. On se contente d'un repas par jour, glané dans le quartier arménien de Midane, au restaurant *Le Club*, toujours le même, une valeur sûre. À la nuit tombée, l'armée supervise la distribution de pain aux habitants.

J'aurais bien poursuivi cette conversation avec le carrossier, mais sans raison particulière, notre accompagnatrice à Alep, une certaine Lama, me fait signe qu'il faut partir. Le carossier semble déçu lui aussi. Il avait à peine commencé à nous servir le thé. Depuis notre arrivée, Lama a le chic pour interrompre une conversation au moment où celle-ci devient intéressante, ou pour se planter devant l'objectif du photographe Noël Quidu, qui m'accompagne, chaque fois qu'il est en train de réaliser une bonne photo. «*khalas ! khalas !*» (C'est fini !), fait-elle en claquant des doigts ou en sifflant. Cela a le don d'agacer Noël. Un photographe a besoin de liberté. Pour justifier son comportement, elle brandit systématiquement la menace d'un sniper. Je veux bien croire qu'il en existe de redoutables à Alep, mais connaissant un peu les terrains de guerre, Noël et moi savons qu'il n'y a souvent aucune menace lorsqu'elle intervient. Lama est très jeune. Elle porte un voile impeccablement ficelé sur ses cheveux et parle sans cesse, d'une voix légèrement éraillée par la cigarette. J'ignore comment elle en est arrivée à encadrer la presse étrangère à Alep car elle ne parle aucune langue autre que l'arabe. Elle ne connaît visiblement pas notre métier. Mes confrères de CNN s'en sont plaints. En réalité, elle se délecte d'avoir un pouvoir sur nous et ne manque pas une occasion de nous le faire sentir. Pour ne rien arranger, elle adore faire des selfies avec les journalistes qu'elle poste ensuite sur Facebook pour les montrer à ses copines. Cette histoire de selfies me donne soudain une idée. Le lendemain matin, alors qu'elle vient nous chercher à notre hôtel, je montre à Lama sur mon portable ma photo prise lors de l'interview avec

Bachar el-Assad. Son visage s'illumine, comme si elle avait vu Dieu tout-puissant. Elle me regarde. Elle qui est si bavarde reste cette fois muette. L'argument a fait mouche. On va désormais gagner en politesse, et Noël ne sera (presque) plus dérangé pendant ses photos…

Sur certaines façades des immeubles d'Alep, sous l'effet des canons de l'enfer, les étages supérieurs se sont écroulés les uns sur les autres, comme des châteaux de cartes. Parfois, des familles vivent suspendues au bord du vide, dans leur appartement coupé en deux. Plutôt rester chez soi à l'air libre, avec un drap tendu pour préserver l'intimité, que finir dans un de ces camps de déplacés qui parsèment la ville. Les destructions que subit Alep-Ouest ne sont pas comparables à celles qu'infligent au même moment les aviations syrienne et russe à la partie rebelle. Le quartier de Banni Zeid vers lequel nous nous dirigeons à présent offre une idée assez précise de la stratégie de reconquête mise en place par le gouvernement. Jusqu'en août dernier, Banni Zeid était contrôlé par un groupe rebelle redoutable. Situé sur une colline au nord-ouest, il plaçait le centre-ville d'Alep à portée de canons. Pas une habitation n'a échappé aux destructions, pas le moindre minaret. Tout a été aplati par les frappes aériennes. Depuis la fin des hostilités, quelques habitants sont retournés y vivre. À les voir arpenter les ruines de leurs maisons où tout a été pillé, on croirait des rescapés d'un tremblement de terre. Ils cohabitent avec les soldats qui occupent leur quartier. Même impression que tout à l'heure avec le général Brahim. Aucun d'entre eux ne porte de grade. Certains arborent d'impressionnants tatouages guerriers. Leurs cheveux sont gominés. Ils se sont laissés pousser de longues barbes bien taillées, à la différence des djihadistes qui laissent les leurs en friche. La méfiance est de mise, la parole rare. Après deux ou trois tentatives, je renonce. Être un «*sahafi francaoui*» (journaliste français) reste une qualité qui les porte peu à se confier… Je me contente de les observer, sachant que notre présence les indispose. Ils sont souvent très jeunes. Certains portent un débardeur en guise d'uniforme, leurs tenues sont dépareillées: la guerre a décidément modifié l'armée syrienne en profondeur. Dans chaque quartier, ce n'est même plus une armée qui règne, mais des milices. Chacune possède son identité propre, ses habitudes, sa manière d'occuper les lieux, avec à leur tête, toujours de véritables chefs de guerre. Si le conflit prend fin un jour, il sera certainement compliqué de les faire rentrer dans le rang.

À Banni Zeid, la reddition a été négociée, début août 2016, sous la houlette des Russes. Comme ailleurs en Syrie, ces derniers y ont imposé le « Centre russe pour la réconciliation des parties belligérantes ». En coordination avec le gouvernement syrien, ils mettent en place une dynamique d'encerclement et de reddition forcée. Après avoir bombardé les zones rebelles, ces comités préparent la reddition. La méthode est grossière, mais elle a fait école. Dans certaines zones, l'État syrien continue à verser les salaires des fonctionnaires côté rebelle. La démarche se justifie par l'argument selon lequel la Syrie serait toujours une et indivisible. Il s'agit pour le gouvernement de montrer qu'il compte bien reprendre le contrôle de l'intégralité de son territoire. C'est également une façon de retourner les ennemis du régime : « Vous vivez en enfer. Nous continuons à vous payer. Déposez les armes et vous reprendrez une vie normale. »

Bien sûr, les Russes ne sont pas considérés comme neutres par ceux qu'il s'agit de convaincre. Il est néanmoins plus facile pour les rebelles acculés de mener des pourparlers avec un étranger plutôt qu'avec un Syrien qui, dans ce contexte, ne manquera pas d'être regardé comme un représentant du gouvernement contre lequel on a versé tant de sang.

Les Russes ne leur laissent que deux options : soit déposer les armes et rejoindre le camp gouvernemental, soit quitter le quartier avec famille, armes et bagages pour rejoindre la province d'Idlib, contrôlée par les rebelles. Située dans le nord-ouest du pays, entre Alep et Lattaquié, d'une superficie équivalente à celle du Calvados, elle compte environ trois millions d'habitants. À Damas, les insurgés du quartier de Daraya ont opté pour la seconde option et quitté la ville. À Homs, les habitants du quartier d'Al-Waer sont en passe de le faire aussi. Le gouvernement espère provoquer un phénomène semblable, à plus grande échelle, à Alep. Et ainsi, reprendre la totalité de la ville.

Cependant, l'enjeu y est d'une tout autre importance. « La guerre se joue ici », m'assurait Ahmad Agil, le carrossier. Il a raison. Si les rebelles abandonnent la ville, il ne leur restera qu'un territoire constitué d'une poignée de sous-préfectures disséminées dans un paysage de campagne. Difficile de crédibiliser un projet politique alternatif pour la Syrie avec ça…

Autrement dit, ils auront perdu la guerre.

D'où leur acharnement à briser le siège pour se maintenir à Alep.

D'où l'empressement dont le gouvernement et son allié russe font preuve à les ensevelir sous un tapis de bombes.

Dans certains quartiers, l'évacuation commence rarement avant la destruction totale des lieux. Certaines fois, les aviations russe ou syrienne s'en chargent.

D'autres fois, la dévastation est aussi l'œuvre des rebelles. La vieille ville d'Alep offre ainsi un spectacle affligeant. En la quittant, les rebelles ont dynamité le plus vieux souk du monde et tous ses trésors archéologiques : des tombes d'imams et des mosquées datant du XIIIe siècle. La scène évoque Oradour-sur-Glane : pas une échoppe n'a échappé à ce plasticage méthodique. Ceux qui ont fait ça se fichaient bien qu'Alep ait fait partie de l'histoire de l'humanité depuis cinq mille ans, qu'Abraham y ait fait paître ses troupeaux et que, pendant des siècles, les trois religions du Livre y aient cohabité, le plus souvent en harmonie. Lama est bien sûr enchantée de nous montrer en détail ces ruines qui sont, selon elle, l'illustration des projets obscurantistes des « terroristes ». Les Syriens racontent que la vie à Alep était bien plus douce qu'à Damas ou que n'importe où en Syrie. En parcourant les ruelles dévastées de la vieille ville, je partage l'émotion qui les étreint lorsqu'ils décrivent ces jours heureux. En effet, à une époque, la vie devait être agréable ici, à l'ombre de ce minaret médiéval, dans la fraîcheur de cette fontaine sculptée où plus aucune eau ne coule, et qui ouvre sur une petite place charmante qui a miraculeusement échappé aux destructions. Autrefois, ces ruelles sentaient la rose et le jasmin. Désormais, elles empestent la poudre et le plastique brûlé.

Vendredi 23 septembre 2016, 10 heures. Quartier kurde de Cheikh Maqsoud. La route de Castello au nord d'Alep fut longtemps l'axe d'approvisionnement en nourriture et en armes des quartiers est depuis la Turquie. L'armée l'a reconquise au début du mois de juillet, coupant ainsi les vivres aux rebelles. Cheikh Maqsoud est tenu par les séparatistes du YPG [15]. Dans cette partie de la Syrie, les Kurdes ont fait alliance avec le gouvernement. Leur drapeau triangulaire jaune et vert flotte au-dessus des immeubles. Ils ont établi leurs défenses aux limites de la ville, dans des carcasses d'immeubles où la fureur des combats n'a pas laissé un centimètre carré sans impact. Rien ne pousse sur les collines alentour. La pluie s'est mise à tomber. « On dirait Grozny ! » s'exclame Noël Quidu, photographe vétéran des guerres de Tchétchénie. Le bruit des Soukhoï qui passent au-dessus de nos têtes ne viendra pas le contredire. La route du Castello est un chemin poussiéreux, bordé de monticules de gravats et de voitures calcinées. Des tirs sporadiques se font entendre. Comme à Ramousseh, le corridor tenu par l'armée est aussi très étroit. Les rebelles sont à moins d'un kilomètre de part et d'autre et ils voudraient briser le siège de ce côté aussi. L'accord signé entre Kerry et Lavrov aurait dû déboucher sur la mise en place d'un ravitaillement des quartiers rebelles par cette route. Mais au siège de l'ONU, à

New York, les discussions s'éternisent. Et en cette matinée d'automne, aucun convoi n'est visible à l'horizon.

En repartant, mon œil est attiré par un portrait d'Assad. Non pas qu'ils soient rares à Alep, mais celui-ci a été placé au bord de la route, au sommet d'un bidon d'essence repeint aux couleurs du drapeau syrien. S'il attire mon attention, c'est qu'il n'y a absolument rien autour à part des cratères de bombes et des monticules de gravats. Assad semble dire : « Je serai toujours là, même lorsqu'il ne restera plus rien. » La phrase qu'il aurait prononcée devant l'envoyé de l'ONU Lakhdar Brahimi me revient à l'esprit : « Je vais finir par gagner et l'opposition va perdre, et ce sera au prix de la destruction de Damas. » À Alep, si ça continue, nous y serons bientôt…

Nous rebroussons chemin et quittons le nord d'Alep. À 15 h 30, deux obus s'abattent coup sur coup sur la ville au moment où nous regagnons notre hôtel. À l'hôpital universitaire où les blessés ont été transportés, le personnel s'active. Deux ouvriers qui réparaient une maison du quartier de Martini ont été touchés par des éclats. Cela paraît anodin en comparaison des quatre-vingt-dix morts – dont de nombreux enfants – écrasés la nuit dernière sous les décombres de leur immeuble. La densité urbaine des quartiers gouvernementaux fait que les obus tirés au hasard sont aussi très meurtriers. Selon l'Observatoire syrien des droits de l'homme, proche de l'opposition, pendant les vingt premiers jours d'août, cent soixante-cinq personnes ont péri côté gouvernement, contre cent soixante-huit côté rebelle. Un million et demi de personnes vivent dans la partie gouvernementale de la ville contre trois cent mille de l'autre côté (à l'issue des combats en décembre, les chiffres de la population de l'est seront singulièrement revus à la baisse). Les deux zones ont des dimensions comparables. Le secteur rebelle est même légèrement plus grand. Ce qui fait qu'en envoyant des projectiles un peu au hasard, les insurgés ont davantage de chances de toucher quelqu'un. Avec les frappes aériennes des derniers jours cependant, la bataille n'est plus du tout équilibrée. Les pertes dans la zone rebelle ont atteint les deux cents morts en une semaine. Du jamais-vu.

J'avais prévu de quitter Alep le lendemain, mais en raison de l'intensité des frappes et des opérations militaires en cours, on nous annonce que c'est impossible. Compte tenu des distances à parcourir, de toute manière il aurait fallu partir en fin de matinée. Il est en effet fortement déconseillé de rouler de nuit en Syrie. Comme souvent lors des reportages en zone de guerre, il est impossible de programmer quoi que ce soit. Nous avions projeté de faire un voyage à Pise, en Italie, pour fêter en famille l'anniversaire de ma femme. Ce télescopage de deux vies qui n'ont pas grand-chose à voir est parfois surréaliste, schizophrénique. Il faut aussi de la constance à ma famille pour le comprendre. Je devrai me contenter d'un bref échange par Skype depuis ma chambre d'hôtel à Beyrouth deux jours plus tard.

À la nuit tombée, enfermé dans ma chambre d'hôtel, j'observe les avions qui ont fait leur retour dans le ciel. D'abord un souffle, puis un gigantesque froissement métallique. Ce soir, ils larguent des obus perforants, du très gros calibre, pour atteindre les rebelles au cœur de leur réseau de tunnels. Par moments, le sol tremble si fort qu'on dirait qu'ils attaquent les fondations de la ville au marteau-piqueur. Pas moyen de fermer un œil. Si je m'assoupis quelques minutes, je suis réveillé en sursaut par une frappe plus forte que les autres. L'hôtel est situé à moins d'un kilomètre d'une ligne de front particulièrement visée cette nuit-là. De toute ma vie de reporter, je n'ai jamais connu pareille intensité.

Missiles, orgues de Staline, mortiers ou canons de l'enfer : l'artillerie sous toutes ses formes a fait des centaines de morts des deux côtés. C'est cela, aujourd'hui, la vie quotidienne des habitants d'Alep, où le ciel est un ennemi, même la nuit, surtout la nuit.

Une vie qu'une roquette ornée de lettres cyrilliques ou qu'une bonbonne de gaz peut interrompre à tout moment, et où – *inch Allah !* – il n'y a pas d'autre choix que de s'en remettre à la providence.

8

Vérité du terrain

Syrie, trois mois plus tard. Le 15 décembre 2016, la route d'Alep est saturée de poids lourds et de convois militaires. Chaque dépassement nous fait courir le risque de voir surgir un véhicule en face de nous. La chaussée est rendue plus dangereuse encore à cause du verglas. Autour de nous, l'hiver a recouvert le désert d'une fine couche de neige. C'en est presque beau, malgré les carcasses calcinées qui jonchent les bas-côtés, résultat des incessants accidents de voitures sur cette route et non, comme on pourrait le croire, de quelque combat mené par les multiples factions qui se disputent le gruyère syrien. Arrivés à Homs, impossible de trouver une goutte d'essence. Quelques jours plus tôt, la reprise surprise de Palmyre et des champs pétroliers alentour par l'État islamique a provoqué la pénurie. Nous ne sommes pas certains de pouvoir gagner Alep avec ce qui reste dans le réservoir.

La reprise de Palmyre par Daech est une défaite en trompe-l'œil pour l'armée syrienne. Comme la première fois, les commentaires sarcastiques quant à l'incapacité de l'armée syrienne à tenir le terrain éclipsent une autre bataille, bien plus décisive celle-là. Ces dernières semaines à Alep, les événements ont tourné en faveur de Bachar el-Assad. Le président syrien doit ce changement inespéré à un événement presque périphérique au conflit qui le concerne : l'intervention turque en Syrie. Le 24 août 2016, plusieurs bataillons de l'Armée syrienne libre ont été mobilisés pour aider l'armée turque à chasser l'État islamique dans le cadre de l'opération Bouclier de l'Euphrate. Mais évidemment, ça, c'est la version officielle. En réalité, il s'agissait pour les Turcs de stopper l'avancée des Kurdes qui venaient de conquérir Manbij et allaient faire la jonction entre leurs territoires d'Afrin, à l'ouest, et de Kobané, à l'est. Ainsi, chacun voit midi à sa porte : pour empêcher un Kurdistan uni de se créer au sud de sa frontière, Recep Tayyip Erdogan a préféré sacrifier les rebelles d'Alep. Cette mobilisation d'une partie des rebelles a dégarni le front dans la ville. Conscientes de l'affaiblissement de leur adversaire, les forces gouvernementales en ont profité pour lancer l'assaut sur la poche rebelle d'Alep en novembre. Début décembre, l'armée syrienne est parvenue à couper en deux le territoire. Les rebelles ont alors commis une erreur tactique majeure : ils ont abandonné la partie de la vieille ville qui restait sous leur contrôle pour se replier dans les quartiers sud, plus peuplés mais plus facilement pénétrables. Après la défaite, un de leurs chefs confiera que s'ils s'étaient cramponnés au vieil Alep, à ses ruelles étroites, ses fortifications et ses souterrains millénaires, ils auraient pu tenir un an ou deux encore. C'est exactement ce que fera l'État islamique à Mossoul, dans la vieille ville, entraînant l'armée irakienne dans un combat titanesque en infligeant à ses unités jusqu'à 40 % de pertes.

En ce jour de l'hiver 2016, il ne reste à Alep que quelques kilomètres carrés sous contrôle rebelle. Sur la route, c'est toujours un casse-tête pour trouver de l'essence. À chaque station, on nous sert le même discours : « *Benzine, jaysh !* » L'armée est prioritaire. Nous arriverons à Alep en fin d'après-midi, frôlant la panne sèche. Au moment où nous entrons dans la ville, des sirènes d'ambulances retentissent. Elles convergent vers le sud-ouest, le quartier de Ramousseh. Les rebelles se rendent, nous apprend la radio. Ils vont quitter le réduit dans lequel ils se sont retranchés avec quelques milliers de civils. Nous traversons ce qui était encore il y a quelques jours l'un de leurs quartiers. Ce sont des kilomètres d'immeubles aux façades déchiquetées, aux étages effondrés les uns sur les autres, véritables mille-feuilles de béton et de plâtre. L'endroit est désert. Brusquement, après avoir franchi un pont, nous voilà bloqués dans un gigantesque embouteillage. Ce pont marquait la frontière entre une zone rebelle et une zone gouvernementale. Hormis les sacs de sable empilés qui balisaient les check-points, cette frontière n'existe plus, mais personne n'ose encore la traverser. On n'efface pas en quelques jours quatre ans et demi de haine. Les trottoirs sont, cette fois, noirs de monde. Aux noms sur les boutiques, je reconnais un quartier chrétien. Certaines façades ont été abîmées par les mortiers, mais ce n'est rien en comparaison des destructions que nous venons de constater. Des tirs de kalachnikov déchirent les airs. « Des tirs de joie », nous garantit notre chauffeur. Une femme qui passe dans la rue n'a pas l'air convaincue. On lirait même une certaine inquiétude dans ses yeux. L'attitude des militaires qui déferlent dans les rues n'a rien de rassurant. Juchés par paquets de dix sur des pick-up et des camionnettes, ils sont nerveux. L'un d'eux assène un coup de poing à un homme dont le véhicule a le malheur de bloquer la route de son camion…

Profitant d'un convoi d'ambulances, nous nous frayons un chemin jusqu'à Ramousseh où une foule s'est rassemblée. Les habitants de la partie ouest d'Alep sont venus observer le départ des rebelles. Les visages sont durs, les mâchoires crispées. Encouragés par leurs parents, des gamins entonnent des chants à la gloire du président ou récitent le vieux slogan du régime : «*Allah ! Souria ! Bachar sa bas !*» (Dieu, la Syrie, Bachar et c'est tout !). Une vieille femme vêtue d'un hijab s'approche. Elle désigne derrière nous une ruine chancelante dont la plupart des étages donnent sur le vide. « C'est ici que j'habite, me dit-elle. Là-bas derrière, un terroriste a été abattu. Nous n'avons pas touché à son corps, pour le laisser aux chiens. »

Loin de la foule, à l'abri sous un pont, un général russe patiente, talkie-walkie en main. C'est lui qui supervise la reddition des rebelles. De façon pratique, celle-ci est orchestrée grâce à l'action conjointe du Hezbollah et d'une milice, Liwa al-Quds. Descendants des Palestiniens arrivés en Syrie après la création d'Israël en 1948, ils combattent depuis le début du conflit aux côtés du gouvernement. Lorsqu'ils montent à l'assaut, ils portent autour du front un bandeau rouge avec en lettres jaunes le nom de leur milice. Ils feraient presque penser aux djihadistes qui, eux, portent autour du front des bandeaux noirs avec la *Chahada*, la profession de foi musulmane. Cette guerre est décidément étrange. Voilà des Palestiniens sunnites qui travaillent main dans la main avec des Libanais chiites du Hezbollah. La Syrie n'est pas seulement un gruyère ; les jeux d'alliances y ont transformé chaque camp en entités qui n'ont plus rien d'uniforme.

S'il ne nous cache pas l'objet de sa mission, le général russe n'a aucune envie d'apparaître sur nos photos. Il fait un geste de la main dissuasif à la vue des appareils. Les Russes sont présents à Alep, mais on comprend qu'il vaut mieux faire comme si on ne les avait pas vus. Les ministres des Affaires étrangères britannique et américain viennent d'ailleurs de les avertir. « La Russie est en train de transformer Alep en Grozny syrien », ont prévenu Boris Johnson et John Kerry dans un communiqué commun faisant référence à la capitale tchétchène, qualifiée par l'ONU de « ville la plus dévastée au monde » à l'époque du siège et des destructions perpétrées en son sein par l'armée russe. *Via* le compte Twitter de leur ambassade à Washington, les Russes mêlent cynisme et réalisme pour répondre : « Grozny est aujourd'hui une cité moderne et prospère. N'est-ce pas ce que nous recherchons tous pour Alep ? » À cet instant précis, tout démontre que c'est bien les Russes les patrons dans la ville. Des négociations jusqu'à la mise en pratique, ce général décide de tout et donne des ordres aux soldats de Bachar el-Assad.

18 heures. Tout est prêt. Des soldats syriens en tenue camouflée prennent place au volant d'une dizaine de bus verts alignés devant le réduit rebelle. Des membres du Croissant-rouge arabe syrien habillés de combinaison rouge montent à bord à leur tour. Un soldat demande à un collègue de le prendre en photo. Le moment est solennel. L'heure du face-à-face approche. En effet, si l'accord de reddition est respecté, les ennemis seront contraints de faire un bout de route ensemble, dans le même véhicule, jusqu'aux limites de la province d'Idlib.

Un convoi de bus verts s'ébranle et pénètre dans le quartier pour procéder à l'embarquement des premiers candidats à l'évacuation de la journée. Hamad Abuleil filme la scène. Bouille rondouillarde et petites lunettes cerclées, il ressemble plus à un intellectuel qu'à un combattant. Il se présente, dans un anglais sommaire. « Je suis le responsable de presse de la milice Liwa al-Quds », nous dit-il. Hamad est aussi cameraman. Il tend son téléphone pour montrer fièrement les vidéos qu'il a tournées pendant la reconquête des quartiers rebelles. Les images sont d'une violence inouïe, mais ce qui l'est davantage, c'est que les bruits d'armes à feu provenant de son portable se superposent par moments aux claquements que l'on entend de manière sporadique dans la ville. Le smartphone est le miroir permanent du cauchemar ambiant. Hamad nous explique qu'il a une motivation supplémentaire à combattre les rebelles. Il y a six mois, des militants d'un groupe islamiste, Harakat Nour al-Din al-Zinki, ont capturé un très jeune militant des Quds. Postée sur les réseaux sociaux, une vidéo les montre en train de décapiter l'enfant à l'arrière d'un pick-up. Cette scène restera comme un sommet de l'horreur de cette guerre. Détail plus sordide encore, Abdullah Issa, c'est le nom de l'enfant palestinien, portait une perfusion au bras car il était malade. « Nous avons capturé les types qui ont fait ça », nous assure Hamad. « Et quel sort leur avez-vous réservé ? » lui demandé-je. Hamad baisse les yeux et ne répond pas. Derrière lui, deux jeunes Palestiniens ricanent. Justice a été rendue, semble-t-il... Hamad nous invite à grimper avec lui au sommet d'une carcasse d'immeuble. De là, nous allons pouvoir observer le départ du convoi. La nuit tombe. Les premiers bus s'éloignent. À cet instant, on peut espérer une reddition sans trop de sang versé.

De retour à l'hôtel, je m'installe dans un fauteuil près de l'accueil. Mon ami Frederik Pleitgen, un journaliste pour CNN qui a séjourné quelques jours plus tôt dans ce même établissement, m'a assuré que c'était le seul endroit de l'hôtel où le wi-fi était correct. En tout cas, on y est mieux que dans les chambres qui n'ont ni connexion ni chauffage. Dehors, il fait -5 °C. À cet endroit, je suis aussi loin du hall. Là-bas, les fauteuils seraient plus confortables, mais il est recommandé d'éviter de s'y asseoir. Les panneaux de verre de l'entrée pourraient s'effondrer si un obus venait à percuter l'immeuble. Je consulte ce qui se dit sur Alep dans l'actualité. Tous les médias en parlent. J'ai l'impression d'être au centre du monde. Je lis les commentaires et là, surprise ! Des confrères et des hommes politiques français ou américains décrivent des choses qui ne sont pas celles que j'ai vues l'après-midi même. J'admets bien volontiers que la situation sanitaire dans la poche rebelle doit être terrible. Des témoignages filmés le prouvent. Je suis malgré tout dans l'impossibilité, comme tous mes confrères occidentaux, de me rendre sur place pour vérifier. Les rebelles n'autorisent pas les journalistes étrangers à leur rendre visite. J'ai toujours trouvé ce refus étonnant de la part de groupes que notre gouvernement soutient et qui sont censés être les « gentils » dans l'histoire... Bachar autorise bien des journalistes à venir de son côté. Propagande ! rétorquent en chœur ses détracteurs. À y regarder de près, je ne suis pas certain qu'Anne Barnard du *New York Times*, Sammy Ketz de l'AFP, Georges Malbrunot du *Figaro*, Michel Scott de TF1, Franck Genauzeau de France 2 ou encore Frederik Pleitgen de CNN soient exactement des propagandistes d'Assad. Or tous ont pu se rendre en Syrie au cours de la guerre. Certains y vont régulièrement, et aucun n'y a jamais perdu son âme et sa déontologie.

L'offensive, déclenchée il y a deux semaines, a entraîné son lot de dévastations et d'horreurs. D'après le Centre de documentation des violations en Syrie, une ONG syrienne de défense des droits de l'homme, 3 497 civils ont péri à Alep, des deux côtés, entre juin et décembre 2016. En dépit de ce que prétend le régime, des hôpitaux ont bien été ciblés et des centaines de civils sont morts, écrasés par les bombes ou dans l'écroulement de leurs habitations. La reddition en cours comporte elle aussi des risques d'exactions, mais contrairement à ce que je lis à cet instant, il n'y a plus ni frappes aériennes, ni tirs d'artillerie. Jean-Pierre Perrin, grand reporter au journal *Libération* que j'estime beaucoup par ailleurs, parle d'« urbicide »... Or jamais il ne fut dans l'intention d'un camp ou de l'autre de réduire la ville à néant. D'ailleurs, elle ne l'a pas été, même si certaines parties sont dévastées. On estime à un tiers l'étendue des destructions qui, on s'en rendra compte, correspondent essentiellement aux quartiers situés autour des multiples lignes de front. C'est un conflit en zone urbaine, avec toute la douleur que cela comporte quand une partie l'emporte sur l'autre après quatre ans et demi de siège. Mais Alep ne ressemble ni à Guernica ni à Srebrenica, comme j'ai pu le lire.

La veille, à New York, l'ambassadrice américaine aux Nations unies Samantha Powers s'est livrée à une attaque en règle de l'attitude des Syriens, des Russes et des Iraniens. Prenant à partie son homologue russe Vitaly Churkin, elle a déclaré : « Vos forces et celles de vos alliés commettent des crimes. Vos barils de poudre, vos mortiers et vos frappes aériennes ont permis aux milices à Alep d'encercler des milliers de civils dans une nasse qui se resserre chaque jour. Trois membres des Nations unies contribuent à appliquer cet étau autour des civils. Vous devriez avoir honte. Êtes-vous seulement capable de honte ? N'existe-t-il pas la plus petite chose qui vous fasse honte ? N'existe-t-il pas le moindre acte de barbarie, la moindre exécution d'un enfant qui vous fasse quelque chose, qui vous émeuve ne serait-ce qu'un tout petit peu ? Pouvez-vous seulement une fois arrêter de mentir ou de vous justifier ? » Piqué au vif, Churkin s'est insurgé : « Vous vous prenez pour mère Teresa ! lui a-t-il répondu. S'il vous plaît, souvenez-vous quel pays vous représentez. Rappelez-vous son bilan et vous vous rendrez compte qu'en termes de suprématie morale, il n'y a rien à lui envier[16]. »

Au moment où nous étions devant le réduit rebelle, le jeudi 15 décembre, une conférence de presse réunissait l'envoyé de l'ONU pour la Syrie, Staffan de Mistura, et le ministre des Affaires étrangères français, Jean-Marc Ayrault. « Nous avons donc évoqué la situation à Alep, déclarait ce dernier, et nous avons surtout examiné ce qui pouvait être fait le plus rapidement possible pour venir en aide aux populations civiles. La situation à Alep est catastrophique, chacun le voit : des populations civiles sont encore bloquées dans la partie orientale de la ville et ne demandent qu'une chose, pouvoir sortir en sécurité. C'est la raison pour laquelle la France a demandé une nouvelle réunion du Conseil de sécurité des Nations unies, non pas dans le but de faire adopter une nouvelle résolution, mais d'examiner – et cela se fera demain – concrètement, avec le secrétariat général des Nations unies, le déploiement d'observateurs sur place pour s'assurer qu'il n'y a aucune exaction ou règlement de compte et que les populations civiles sont vraiment protégées[17]. »

À cet instant, je suis le seul journaliste occidental présent à Alep. Les équipes de la BBC et de CNN viennent de quitter la ville. Or, ce qu'un ministre de mon pays déclare n'est pas la réalité que je constate sur place. Je ne saurais dire si des exactions ont été commises au cours de l'évacuation. Je m'en remets aux chiffres de l'ONU qui parle de quatre-vingt-deux civils tués par des milices proches du pouvoir. J'ai sillonné la ville tout l'après-midi. Je ne suis pas naïf : Liwa al-Quds ou d'autres milices comme les Forces nationales de défense n'allaient pas me proposer de les accompagner dans leurs opérations vengeresses. Le porte-parole des Quds a paru gêné lorsque je lui ai demandé quel était le sort réservé à leurs ennemis capturés, en l'occurrence des criminels avérés. En revanche, je peux témoigner qu'à cette période, sur le réduit rebelle devant lequel je me trouvais et que je vois depuis mon balcon, aucun hôpital n'a été ciblé, en tout cas pas par voie aérienne ni par de l'artillerie. Aucun avion ne survolera la ville au long des six jours de ma présence à Alep. Et surtout, au moment où Jean-Marc Ayrault appelle de ses vœux l'évacuation des civils d'Alep-Est, celle-ci a déjà commencé. C'est d'ailleurs étonnant que le ministre n'en ait pas été informé. Convoi après convoi, elle suit son cours, sans violence apparente. L'accord négocié entre Russes et Turcs avec leurs alliés respectifs prend forme. Il est inédit dans l'histoire. Peut-on imaginer, en 1943, des officiers russes offrant à un Von Paulus pris au piège de Stalingrad un sauf-conduit pour rejoindre les lignes allemandes ? C'est pourtant ce qu'Assad et les mêmes Russes ont proposé aux rebelles, et c'est ce qu'ils ont accepté.

Le lendemain matin, plus de mille personnes sont sorties du réduit rebelle pendant la nuit et tous ont rejoint la province d'Idlib. Vers 9 heures, nous nous présentons à l'entrée du camp de Jibreen. Une partie des familles qui vivaient à Alep-Est a été regroupée dans cette zone près de l'aéroport. À la différence des rebelles retranchés à Ramousseh, ceux-ci ont rejoint le camp gouvernemental. Jibreen est aussi l'endroit où l'armée questionne les nouveaux arrivants sur leurs liens éventuels avec les combattants. Après une demi-heure de négociations, on nous annonce que nous ne sommes pas autorisés à entrer. Il existe cependant une autre partie du camp, un peu plus loin, entouré par une immense décharge dans laquelle des gamins jouent au milieu de carcasses de moutons, de pattes de poulets et d'ossements en tous genres. Apparemment, l'endroit n'est pas surveillé. Il faut dire qu'il y a tellement de personnes venues ici pour y chercher nourriture et couvertures qu'il est impossible de tout contrôler.

« Je viens du quartier de Sakhour, me dit un père de famille. À la fin, nous sommes restés six mois sans aucun ravitaillement. Il n'y avait même plus de nourriture pour les bébés. » Les responsables, selon lui ? « Les rebelles ! Ils ne laissaient sortir ou entrer personne. Comme le siège se prolongeait, ils nous volaient. » A-t-il tenté de s'enfuir ? « Ceux qui voulaient fuir pouvaient payer. Moi, je n'avais pas assez d'argent. » Son fils écoute la conversation. Sur son pull en laine vert clair, on peut lire : *Kingdom of Saudi Arabia*. Un vêtement qui, on s'en doute, ne lui a pas été fourni par le gouvernement syrien… Un autre homme nous raconte qu'il est parvenu à quitter son quartier à 4 heures du matin avec sa femme, mais que trois personnes qui les accompagnaient ont été blessées par des tirs des rebelles qui voulaient les retenir. Mais qui étaient ces rebelles ? « *Muhajireen !* » (des étrangers), nous disent-ils tous. L'un d'eux reconnaît qu'il y avait tout de même quelques types du quartier. « Qui étaient-ils ? Des voisins ? Des gens de votre famille ? – Nous ne les connaissions pas », affirment-ils à l'unisson. On l'aura compris, personne ne dira quoi que ce soit qui pourrait laisser penser à une complicité quelconque. Le rebelle est commode quand il est étranger. Même s'ils ont cohabité avec lui pendant quatre ans, il est plus simple d'expliquer ainsi qu'ils ont conservé une distance. Dire que le rebelle faisait partie de l'entourage serait plus compliqué. On le sait bien, la neutralité n'a jamais existé à Alep. On était soit d'un côté, soit de l'autre. Et à écouter ces gens, on se demande par moments s'ils ont vraiment vécu à Alep-Est. Pour eux, en effet, les snipers dont leurs enfants redoutaient la présence étaient des rebelles. Ils en oublient que, vivant en zone rebelle, le sniper qui les menaçait ne pouvait que se trouver du côté du gouvernement. Ce sont là des stratégies de survie maladroites que tout être humain déploie lorsque le camp auquel il a appartenu a été vaincu et qu'il se présente, perdu et démuni, devant l'adversaire. La peur, l'idée qu'il risque d'être exécuté, déporté, séparé de sa famille ou jeté dans une prison sordide comme la Syrie en possède, tout cela se bouscule dans sa tête. Quelques mois plus tard, à Mossoul, en Irak cette fois, j'ai observé des phénomènes comparables. Au beau milieu des combats, certains habitants se précipitaient devant nos véhicules pour supplier les soldats irakiens de leur offrir des cigarettes. J'imaginais que, Daech l'ayant interdit, ces gens n'avaient pas fumé depuis deux ans. Après réflexion, il s'agissait plutôt pour eux de prouver le plus vite possible qu'ils ne faisaient pas partie de Daech. En fumant, ils transgressaient un tabou imposé par le groupe. Mieux que n'importe quelle explication, c'était leur manière à eux de nous dire : « Vous voyez, on n'est pas des collabos »...

À l'intérieur du camp de Jibreen, on trouve énormément d'enfants. Orphelins de guerre pour la plupart, ils sont pris en charge par diverses ONG syriennes. Ce jour-là, des animateurs organisent des jeux sous une grande tente de l'Unicef. On ne voit ici que très peu d'hommes et la plupart sont âgés. Les autres auraient-ils été raflés, incorporés de force dans l'armée comme on l'entend parfois ? Sont-ils tout simplement interrogés dans cette partie du camp où nous n'avons pas pu pénétrer tout à l'heure ? Un peu plus tôt, un jeune de dix-huit ans environ nous assurait avoir rejoint librement les Forces nationales de défense, une structure d'auxiliaires de l'armée.

Où sont les autres ?

12h30, la lumière tombe prématurément sur la ville. Le ciel de neige renforce l'impression de fin du monde qui se dégage des quartiers dévastés. Soudain je pense à mes enfants. J'en ai deux qui vivent aux États-Unis et un autre en France, sans oublier deux autres que ma femme a eu d'un précédent mariage. Peuvent-ils seulement imaginer qu'il existe sur terre des endroits comme celui-là ? Comment leur expliquer cet océan de misère et combien l'homme est efficace lorsqu'il s'agit de faire du mal à ses semblables ? Faut-il leur en parler, leur raconter ou au contraire les épargner ? Je n'ai pas la réponse à cette question. J'espère juste qu'ils liront un jour ces lignes.

L'évacuation de la poche rebelle se complique. L'accord stipulait que rebelles, blessés et civils devaient quitter Alep. En échange, deux villages chiites de la province d'Idlib restés du côté du gouvernement et encerclés depuis trois ans, Foua et Kefraya, seraient à leur tour évacués. Car en Syrie, il existe aussi des zones gouvernementales encerclées par les rebelles. Le mouvement des deux côtés était en cours lorsque quelqu'un a tiré sur les civils de Kefraya qui prenaient place dans un bus. Hayat Tahrir al-Cham, l'ancien front Al-Nosra, est accusé de vouloir saboter l'accord. En conséquence, le convoi des rebelles parti ce matin d'Alep a été contraint de faire demi-tour. Le voilà qui se présente à l'entrée de Ramousseh. Retour à la case départ. Quelques bus verts se suivent, mais certains civils sont à l'air libre, juchés avec femmes et enfants à l'arrière de pick-up, sous bonne surveillance de militaires progouvernementaux. Blottis les uns contre les autres, leurs valises à côté d'eux, ils ont l'air frigorifiés. La température est proche de 0 °C. Il a commencé à neiger. Une heure s'écoule. Enfin, le convoi est autorisé à revenir à Ramousseh. La foule qui les regardait partir hier n'est plus là pour les voir revenir. Chacun est rentré chez soi. Une rumeur circule. L'armée pourrait d'un moment à l'autre lancer l'assaut final sur le réduit rebelle.

Samedi 17 décembre. La nuit a été calme. Du côté des négociations, rien n'a bougé. À Hanano au nord-est de la ville, dans le plus grand quartier autrefois aux mains des rebelles, le Croissant-rouge a commencé une distribution de nourriture. Chacun a droit à sa maigre portion de salade, de tomates et d'œufs brouillés. Une foule affamée se presse devant une échoppe où les humanitaires s'activent. Certains habitants sont revenus de loin, à pied souvent, pour récupérer quelques affaires et évaluer s'il leur sera possible de revivre ici.

Mes accompagnateurs du ministère de l'Information sont nettement moins intrusifs que lors du précédent séjour en septembre. Lama n'est pas avec nous. Je l'ai aperçue tout à l'heure, à l'hôtel. Elle s'occupait d'un groupe de journalistes asiatiques. Les pauvres… En dehors des check-points, toujours compliqués à filmer ou à photographier, et ce, quelles que soient les circonstances et les armées, je suis libre d'utiliser mon iPhone pour enregistrer des images où je veux. En septembre, il régnait dans la ville une véritable atmosphère de paranoïa. Les soldats syriens étaient pour beaucoup originaires d'Alep. Ils craignaient d'être identifiés et qu'on s'en prenne à leurs proches restés dans le camp d'en face. À Alep plus qu'ailleurs, la guerre civile a revêtu un caractère intime. Cette fois, personne ne m'empêche de filmer qui que ce soit, ni de parler à qui je veux. Les personnes que j'interviewe ne me sont pas présentées par je ne sais quel « agent du régime ». La plupart du temps, c'est moi qui vais vers elles.

À Hanano, les derniers étages de plusieurs bâtiments ont été touchés par des frappes, mais l'aviation n'a pas écrasé cette cité-dortoir sous les bombes comme à d'autres endroits dans la ville. En règle générale, les zones les plus endommagées correspondent aux lignes de front âprement disputées, comme dans la vieille ville, à Bani Zeid, Boustan al-Bacha, Cheikh Maqsoud ou Cheikh Said. Lorsqu'on évoque la fin des combats aux femmes qui patientent devant un dispensaire où on leur distribue des couvertures, leurs yeux s'illuminent. Elles regardent le ciel, comme pour s'assurer qu'aucun avion n'y rode plus. Tout à l'heure, un homme bénissait les Russes en regardant le même ciel : « *Ruski, wala, wala, wala !* » Bombardés ou libérés ? Vaincus ou soulagés d'être sortis de quartiers transformés en prison ? La confusion est totale. Certaines femmes sont très jeunes, mais la guerre leur a taillé sur le visage des rides précoces. Presque toutes ont perdu leur mari dans les combats, mort ou disparu, raflé par un camp, par l'autre, on ne sait pas très bien parfois. L'une d'elles raconte qu'elle élève ses six filles dans un appartement à moitié détruit par une bombe. Une autre a été blessée à la tête par une roquette. Les maux de crâne sont insupportables, mais elle n'a rien pour se faire soigner. « Avant, dit-elle, lorsque l'État dirigeait, beaucoup de choses étaient gratuites. Les soins, la scolarité. Regardez mes enfants, ils n'ont pas été en classe depuis cinq ans ! » Une dernière s'excuse parce que son petit bout de chou tire depuis tout à l'heure sur le bas de mon blouson. « Pardonnez-lui, me dit-elle.

Mon mari a été tué. Depuis, dès qu'il voit un homme, il agit ainsi. »

Soudain, des hurlements se font entendre. Un homme arrive en courant, une fillette ensanglantée dans les bras. En un éclair, une ambulance, sirènes hurlantes, a fait son apparition. L'homme jette l'enfant à bord du véhicule qui démarre en trombe, manquant de renverser deux personnes qui se trouvaient sur sa route. Les femmes regardent la scène sans broncher. Elle leur semble familière tant elle s'est répétée pendant la reconquête de la ville par l'armée. Ce n'est pas une bombe qui est la cause de ce malheur, enfin, pas directement. La fillette a été écrasée par une plaque de béton qui pendait d'un immeuble depuis un bombardement et qui a fini par se décrocher.

Dimanche 18 décembre, 9 heures, quartier de Dahiyat al-Assad, tout près de Ramousseh. Les bus sont rangés en contrebas d'une autoroute. Au loin, on aperçoit l'enclave rebelle. Des combattants du Hezbollah et de la milice Liwa al-Quds montent la garde pendant que les équipes du Croissant-rouge se préparent. Au même moment, plus au nord, près d'Idlib, dans les villages de Foua et Kefraya, les familles attendent elles aussi les bus avec leurs valises bourrées à craquer. Ce matin, j'ai vu leurs photos sur les réseaux sociaux. Elles ressemblaient trait pour trait aux civils d'Alep. Cependant, l'espoir va vite être anéanti. En milieu d'après-midi, on apprend que cette fois, les bus qui devaient rejoindre Foua et Kefraya ont été brûlés. L'échange est immédiatement suspendu, mais il redémarrera très vite. Les Russes et les Turcs tiennent à leur accord. Deux jours plus tard, Alep-Est sera entièrement reprise.

Les moteurs tournent, crachant des volutes blanches dans l'air glacial. Les évacuations doivent reprendre d'une minute à l'autre. Ironie du sort, cet endroit était aussi autrefois la ligne de front. C'est là que les rebelles étaient parvenus pendant quelques jours à briser le siège de la partie est au début du mois de septembre 2016, il y a trois mois seulement. Autour de nous, les obus ont remodelé le paysage. Ces faubourgs d'Alep me font penser à Verdun. Le général Ali Assoud a établi son QG dans une carcasse d'immeuble. La soixantaine grisonnante, ce vétéran des campagnes de Qoussair, Homs et Lattaquié est en charge du front à l'ouest d'Alep. Son accueil tranche avec celui que nous avaient réservé ses homologues en septembre. La victoire est passée par là. Il nous invite à venir partager son repas autour d'un poêle à charbon. Il est fier de me présenter ses hommes dont l'âge ne semble pas dépasser la vingtaine d'années. L'un d'eux s'appelle Yacob Moussa. Originaire de la communauté chrétienne arménienne d'Alep, il porte autour du crâne un imposant bandage. Deux jours plus tôt, il a été touché par des éclats d'obus lors d'une offensive. J'interroge le général : « Mais où sont vos officiers ? – Les voilà, vous les avez devant vous. » Ce qu'il veut me dire, c'est qu'entre lui et ces très jeunes soldats, tous les cadres intermédiaires sont morts. La scène me rappelle le film *Apocalypse Now*, lorsque le héros du film, le capitaine Willard, se présente à un soldat sur un avant-poste du fleuve Mékong, sous le feu de l'ennemi. « Où est votre officier ? » demande Willard. « Mais c'est vous, mon capitaine », lui répond le soldat…

Après la chute de la ville, Aron Lund, un expert du think tank new-yorkais Century Foundation, a fait partie des rares voix à avoir ramené le monde à la réalité au sujet d'Alep : « Au moment où la poche rebelle s'est vidée, écrivait-il, les médias d'opposition regorgeaient de références à Srebrenica en 1995, au Rwanda en 1994, et même à l'Holocauste. Ces affirmations n'ont été soutenues par aucune constatation sur le terrain. Même les services de communication prorebelles n'ont pas produit d'éléments attestant de ces atrocités. Selon un porte-parole, les Nations unies ont eu connaissance d'un massacre de quatre-vingt-deux civils, perpétré par les forces pro-Assad. Même si cela reste épouvantable, il ne s'agit pas d'un génocide[18]. » Aron Lund, à l'époque, semblait bien seul face aux émois d'« experts » tels que Michael Weiss. Installé dans son fauteuil outre-Atlantique, celui-ci annonçait sur Twitter que « les femmes des quartiers rebelles préféraient se suicider plutôt que de tomber aux mains des soldats syriens ». Cette affirmation, comme tant d'autres, n'a jamais été corroborée par aucun témoignage d'aucune sorte par la suite, y compris venu du camp rebelle.

Au moment de la chute d'Alep-Est, l'ambassadeur français à l'ONU, François Delattre, avait déclaré : « La pire catastrophe humanitaire du XXIe siècle se déroule sous nos yeux[19]. » Je me demande ce qu'il a pensé de ce qui s'est passé pendant l'assaut final à Mossoul puis à Raqqa par les forces irakiennes soutenues par l'armée américaine et une coalition qui compte la France parmi ses membres. Srebrenica, le Rwanda ou encore Guernica, pas une de ces références n'a été utilisée pour qualifier la fin de la bataille de Mossoul en Irak. De timides allusions à « Stalingrad » ont émaillé les articles pour qualifier l'ampleur des destructions dans la vieille ville. Or ces destructions étaient tout à fait comparables à celles subies à Cheikh Saïd, Boustan al-Bacha ou Bani Zeid à Alep ; de nombreux journalistes en ont attesté, images à l'appui. Au cours de cette gigantesque bataille de Mossoul, la plus grande en milieu urbain depuis la prise de Berlin en 1945, l'armée irakienne a toujours été généreuse avec la presse, bien davantage que l'armée syrienne. À Alep, nous avons pu accompagner certaines unités sur le front, mais jamais à la pointe des combats, plutôt dans des missions de reconnaissance ou des patrouilles. À Mossoul-Ouest, en mars 2017, avec le photographe de *Paris Match* Alvaro Canovas, nous étions en toute première ligne, avec le petit groupe de soldats qui fait de la pénétration sous le feu intense de l'ennemi. Je n'avais jamais eu un tel accès aux opérations militaires. Dans nos rapports avec l'armée, on se serait cru revenu à la guerre du Vietnam, considérée comme l'âge d'or du photojournalisme en raison de la facilité de l'accès aux unités et à la ligne de front. Or, à la suite de l'annonce de la libération de la ville le 9 juillet 2017, volte-face totale : plus aucun journaliste n'a été autorisé à se rendre dans la vieille ville pendant près d'une semaine. Présente sur place, Flore Olive, grand reporter à *Paris Match*, confirme : « Même dans la partie est de Mossoul, les accès qui donnaient sur le fleuve furent barrés au prétexte qu'ils étaient dans la ligne de mire des snipers. En réalité, avec des téléobjectifs, nous pouvions voir tout ce qui se passait sur l'autre rive. Nous sommes parvenus à nous approcher. Je confirme qu'au lendemain de la libération annoncée de la vieille ville, ça tirait toujours à l'artillerie et aux hélicoptères de combat. »

Le Middle East Eye, un site d'informations sur la Syrie et l'Irak, a pu parler à des soldats et des officiers irakiens. Leurs témoignages permettent de comprendre ce qui s'est passé dans les dernières heures de la bataille de Mossoul et quel fut le traitement réservé aux derniers combattants de l'EI et à ceux qui se trouvaient avec eux.

« Nous les avons tous tués », raconte-t-il calmement. « Daech, les hommes, les femmes et les enfants. Nous les avons tous tués. » Ce qu'il reste de cette partie de la vieille ville de Mossoul, où les combattants de l'EI ont livré leur dernier combat, est un endroit terrible. Et ce qui se trouve en dessous trahit les sombres derniers jours de la bataille pour Mossoul. Des centaines de corps gisent, à moitié enterrés dans la maçonnerie effondrée et les décombres de ce qui était autrefois un quartier historique et trépidant. La puanteur des corps en décomposition, qui arrive rapidement dans les 50 °C de la chaleur de l'été, submerge les sens. Les pieds sont les restes que l'on remarque en premier. Et il y en a beaucoup, qui percent à travers les décombres. Ces meurtres de masse ont laissé des traces terribles. Au cours de la semaine dernière, des bulldozers blindés ont roulé, en avant et en arrière, sur les maisons toutes froissées, compressant des centaines de corps dans les décombres. Mais les morts ne s'en vont pas. Le rouge-brun des morceaux en train de pourrir tranche avec le gris pâle de ce paysage irrégulier de gravats, de poussière et d'immeubles détruits. « Il y a beaucoup de civils parmi les corps », explique un commandant de l'armée irakienne à Middle East Eye. « Après l'annonce de la libération, ordre a été donné de tuer tout ce qui bouge[20]. »

Aurait-on pu imaginer une sortie négociée des civils pour Mossoul, à l'image de ce qui s'est passé à Alep ? Était-il seulement possible de négocier avec l'État islamique ? L'idée paraît irréaliste. Les laisser partir pour rejoindre une autre partie du pays contrôlée par Daech, c'était prendre le risque de retarder l'issue du conflit. Plusieurs commandants y croyaient pourtant, notamment le chef d'une des milices chiites ayant participé à la reconquête. « Personnellement, si j'avais pu négocier avec eux à Mossoul-Ouest, je l'aurais fait. C'était mieux que d'exposer nos soldats et les civils et de détruire la ville[21] », a déclaré Hadi al-Amiri, chef de l'organisation Badr. Ce sera d'ailleurs le cas à Raqqa à la fin du siège où une partie des combattants de l'EI seront autorisés à quitter la ville pour rejoindre la zone encore tenue par l'organisation. Les exactions qui ont entaché l'assaut final sur la vieille ville de Mossoul sont loin d'avoir été systématiques cependant, au long des huit mois de siège qu'a connu la ville. Je n'ai jamais vu de soldats maltraiter les populations qu'ils libéraient et la plupart de mes confrères en attestent également. Au contraire, dès qu'ils le pouvaient et souvent au beau milieu des combats, ils leur venaient en aide, distribuant de la nourriture, du miel ou des biscuits, et même soignant leurs blessures. Il s'agissait là d'unités d'élite et non des régiments de la police fédérale ou des milices chiites dont je ne saurais témoigner du comportement. Au total, d'après le haut-commissariat de l'ONU aux droits de l'homme, 2521 civils ont péri lors du siège de Mossoul, dont 461 dans des raids aériens de la coalition et 741 exécutés par l'État islamique.

Le plus troublant dans cette affaire n'est pas la réalité des faits, mais plutôt, dans le cas d'Alep, que médias et les politiques occidentaux aient décidé «*a priori*» que le massacre avait eu lieu. Cela prenait un caractère inéluctable car le conquérant de la ville n'était autre que l'armée syrienne et ses alliés. À Mossoul, il s'agissait de l'armée irakienne, alliée aux États-Unis. Dans le cas d'Alep, on était prêt, en soutien à la révolution syrienne ou du moins à ce qu'il en reste, à grossir le trait abusivement et, au plus haut niveau, à dénoncer une horreur perpétrée par les Syriens et leurs alliés russes. Dans le cas de

Mossoul, les mêmes commentateurs étaient disposés à taire des exactions bien réelles des Irakiens, appuyés par leurs alliés américains, en les reléguant au rang d'incidents regrettables, indissociables de la nature humaine en pareilles circonstances. On a mis ça sur le compte de l'épuisement dans lequel les combattants se trouvent au bout de huit mois de combat où ils ont vu disparaître bon nombre de leurs camarades.

9

Assad doit partir

La chute d'Alep-Est a été le tournant de la guerre en Syrie. Comme l'explique le journaliste Robert F. Worth dans le *New York Times Magazine*, « elle semble avoir persuadé de nombreux Syriens que le régime, en dépit de sa cruauté et de sa corruption, était la meilleure chance pour eux de voir se rétablir une vie normale[22] ». En réalité, ce sentiment avait commencé à se développer bien avant. Alors que les chancelleries persistaient à réclamer le départ d'Assad, pour une grande partie des Syriens le soutien à ce dernier ne faisait que se renforcer. Et la peur a été sa meilleure alliée. L'avocat Anas Joudeh, ancienne figure de l'opposition à Alep ayant rallié le camp gouvernemental, explique ainsi l'évolution de l'opinion : « Personne n'est à 100 % avec le régime, mais la plupart de ces gens sont unis dans leur résistance à l'opposition. Ils ne savent pas ce qu'ils veulent, mais ils savent ce qu'ils ne veulent pas[23]. »

Auprès de la population, le gouvernement n'a pas tardé à apparaître comme le moins pire des prédateurs parmi tous ceux qui cherchaient à contrôler le pays. N'oublions pas que, tout au long de la guerre, 60 % des Syriens ont continué de vivre dans les zones sous son contrôle. Cette proportion n'a fait qu'augmenter à mesure que l'armée syrienne et ses alliés ont repris des territoires. Si ces populations ont choisi le camp gouvernemental ou si elles y sont restées, c'est qu'elles savaient qu'il leur serait offert un minimum de structures d'accueil. Cette perception s'est renforcée avec l'émergence de l'État islamique à la fin de l'année 2013. La guerre nous a habitués à voir ces centaines de milliers d'exilés traverser la Méditerranée en prenant tous les risques. La photographie du corps du petit Aylan, retrouvé sur une plage de Turquie, sera un choc qui, mieux que des carcasses d'immeubles fumantes et des femmes en pleurs, ouvrira les yeux du monde sur le drame syrien. Ce que ces images ne disent pas cependant, c'est qu'une grosse partie des populations jetées sur les routes par le conflit demeure à l'intérieur même de la Syrie. L'ONU les appelle des « personnes déplacées » car elles ne quittent pas le pays. Or, comme les réfugiés, elles abandonnent presque tout. Hormis l'aide du gouvernement syrien et de quelques fonds des Nations unies, elles n'attirent pas l'attention des organisations humanitaires. C'est comme si, entre elles et les réfugiés, on avait introduit une hiérarchie sordide dans la misère humaine, comme pour se voiler la face sur tout ce qui se passe du côté d'Assad. Or, à chaque bataille, Raqqa, Homs, Palmyre, Alep ou Deraa, les mouvements de population ont été considérables. Dans le cas de Palmyre, une partie des habitants chassés lorsque l'État islamique l'a conquise en 2013 a été relogée dans Baba Amr, à Homs. En 2012, on l'a déjà évoqué, ce quartier était le foyer de l'insurrection, mais il a moins souffert que le centre-ville, et ses habitations pouvaient encore accueillir du monde. À Alep, étaient concernées les familles des zones situées près ou sur des lignes de front. Elles se sont installées dans les logements les moins abîmés, ceux qui avaient été abandonnés par leurs habitants dont une grande partie avait fui à l'étranger. Du plus mutilé au moins désespéré, ces fantômes des statistiques humanitaires ont suivi les vases communicants de la misère syrienne. La Syrie est devenue le théâtre d'une immense transhumance en bus verts. En règle générale, les populations quittaient les zones conquises par l'État islamique pour trouver refuge dans celles contrôlées par le gouvernement. On notera que jamais, ou presque, l'inverse ne s'est produit. Parfois, elles ont aussi rejoint les zones rebelles, notamment la province d'Idlib. Le phénomène concernerait cinq millions de personnes. Dernier exemple de ces déséquilibres engendrés par le phénomène : Lattaquié, une ville située au nord-ouest, près de la Méditerranée. Autrefois composée d'une majorité d'alaouites, la ville est devenue en grande partie sunnite sous l'afflux de populations, arrivées de l'est et de Raqqa en particulier.

Trois autres facteurs ont contribué à faire évoluer l'opinion syrienne. D'abord, la radicalisation des groupes rebelles, liée à l'aggravation du conflit. Face à cela, Bachar el-Assad s'est rapidement posé en défenseur de la laïcité et des minorités religieuses et ethniques qui composent le pays. Bachar el-Assad ne manque jamais d'apparaître aux côtés des chrétiens, notamment lors de leurs fêtes religieuses importantes. Il le fait aussi avec les autres communautés. Six mois avant notre rencontre en 2014, il avait visité le monastère melkite Saint-Serge dans la ville chrétienne de Maaloula, ravagée par les combats. Le service de communication de la présidence syrienne s'était empressé de nous fournir les images pour illustrer l'interview. L'opposition n'a jamais été capable d'apporter à ces mêmes minorités des garanties de protection suffisantes au cas où elle parviendrait à renverser le gouvernement. Après avoir douté des capacités d'Assad à tenir la barre, au tout début du conflit, les alaouites ont rapidement compris le sort qui les attendrait s'il arrivait malheur à leur président. Même les plus critiques ont fini par faire corps avec lui. Des minorités comme celles des chrétiens ou des Druzes ont tergiversé plus longtemps, avant de prendre conscience de la nature islamiste des groupes rebelles dominants, et de conclure qu'il n'y aurait d'avenir pour eux que sous la coupe du gouvernement. La présence visible et pesante des mécènes turcs, saoudiens et qataris, et les pressions de l'Occident en toile de fond, tout cela a fragilisé l'image de l'opposition, incapable dans ce contexte d'incarner une alternative indépendante pour la nation syrienne. Bachar el-Assad les a aussitôt désignés comme « les agents de l'étranger ». Lui-même n'était pas dans une position plus reluisante, ses opposants l'accusant de ne plus être qu'une marionnette aux mains des Iraniens et des Russes. « Agent de l'étranger », il l'était en réalité tout autant : n'avait-il pas convié le Hezbollah libanais et les conseillers militaires iraniens à venir l'aider ? À l'été 2015, n'avait-il pas fait aux Russes une demande d'aide qui s'est transformée en intervention militaire ? Il possédait néanmoins, à la différence des autres, un atout de poids : son statut de président de la Syrie. Qu'importe qu'il en ait hérité plutôt que d'avoir été librement élu, de façon démocratique : de fait, il incarnait l'ordre. Il jouissait ainsi de la légitimité due au prestige de la fonction présidentielle. Une aura qu'aucun groupe d'opposition ne parvint jamais à lui enlever. « La Coalition nationale syrienne a été loin d'être à la hauteur de la qualification de "représentante légitime du peuple syrien" que ses parrains étrangers lui avaient pourtant conférée[24] », confirme Philippe Jottard, l'ancien ambassadeur de Belgique à Damas. Sur le terrain et dans le quotidien des Syriens, comme l'écrit encore Robert F. Worth, « l'alternative [à Bachar el-Assad] n'est plus cet endroit calme et paisible auquel rêvaient les activistes de l'opposition. C'est l'anarchie, où des seigneurs de guerre règnent non pas depuis un palais présidentiel, mais dans chaque ville, dans chaque rue[25] ». En réalité, après six années de conflit, trois cent quarante mille morts et des millions de déplacés, les Syriens sont désormais prêts à accepter tout ce qui leur sera proposé, à condition que ce ne soit plus la guerre.

Certains voisins de la Syrie ont eux aussi révisé leur jugement. Ils souhaitaient pourtant le départ d'Assad mais craignent depuis un moment que, par ricochets, sa disparition ne déplace le chaos chez eux. L'installation au pouvoir à Damas de n'importe lequel des groupes armés qui combattent aujourd'hui en Syrie aurait signifié l'explosion du Liban et de la Jordanie par contamination. Après avoir soutenu l'opposition et accueilli 1,4 million de réfugiés sur son sol, la Jordanie s'est rendue à la raison. Elle a fermé sa frontière et mis en place des contrôles étroits par crainte d'être infiltrée par des groupes djihadistes. Constatant l'échec de l'opposition, elle a progressivement rappelé les combattants qu'elle soutenait sur le terrain syrien. En août 2017, en coordination avec le Hezbollah, l'armée syrienne et l'aviation russe, le Liban a lancé une vaste opération pour se débarrasser des rebelles affiliés à Al-Qaida et des membres de l'État islamique présents dans l'est du pays. Comme me disait un ami chrétien libanais vivant à Beyrouth: «Régis, toute ma vie j'ai combattu les Syriens, surtout quand ils ont occupé mon pays, mais là, je n'ai pas d'autre choix que de soutenir ce vieux régime pourri.» Au-delà de la crainte des djihadistes, la Jordanie et le Liban, mais également la Turquie, souhaitent programmer dès que possible le retour en Syrie des centaines de milliers de réfugiés présents sur leur sol.

Les hommes politiques qui exigeaient le départ de Bachar el-Assad comme préambule à tout règlement du conflit syrien semblent n'avoir jamais réfléchi aux conséquences de cette condition. Cela n'est pas nouveau. La rhétorique du «Assad doit partir», comme autrefois celle du «Saddam *must go*», a toujours fait l'économie de ce qui se produirait après.

Au début, un sentiment dominait: «Bachar allait partir.» Ce n'était qu'une question de semaines. Comme les choses s'éternisaient, on est passé au genre impératif: «Bachar doit partir!» Puis cet ordre est devenu une menace: «Si Bachar ne part pas...» Il y eut même: «Bachar ne mérite pas d'être né sur terre.» Mais comme rien n'est venu, si ce n'est un cortège de morts et de destructions, et que les Russes se sont emparés du dossier, l'Occident a fini par lâcher l'affaire.

Le problème principal est que les adversaires d'Assad ont toujours misé sur un règlement pacifique du conflit ne dépendant que de son départ, comme s'il suffisait qu'il s'en aille pour que la paix et la démocratie adviennent – comme par enchantement. L'Occident souhaitait pour la Syrie une forme de gouvernance modérée, démocratique, laïque et pluraliste. Une parfaite utopie. Sauf peut-être au tout début de la révolte, aucun de ces critères n'a jamais été réuni par l'opposition armée. Par-delà nos pieuses intentions et nos rêves de liberté pour la Syrie, nous n'avons pas voulu voir qu'il s'agissait d'une lutte à mort entre le gouvernement syrien et plusieurs groupes, un conflit dans lequel chacune des parties souhaitait la disparition de l'autre. Le régime n'a jamais été ouvert à une quelconque négociation lors de laquelle il céderait le pouvoir. Continuer obstinément à exiger le départ d'Assad en préalable à toute négociation revenait à bloquer toute initiative, à alimenter la guerre et à en prolonger la durée. Certains ont esquissé comme solution (il fallait bien trouver quelque chose) que « quelqu'un » dans l'appareil gouvernemental syrien prenne les commandes. Bachar prendrait sa retraite, et on pourrait aller de l'avant sans détruire l'État syrien. Or aucun nom crédible et légitime n'a jamais été avancé. Et aucune alternative politique prenant en compte la réalité de la société syrienne et ses souhaits n'a été proposée. Même en considérant qu'Assad ait finalement décidé d'abdiquer ou qu'il ait été renversé, il est plus que probable qu'un nouveau cycle de violence se serait mis en place, menaçant cette fois la structure même de l'État syrien. Autrement dit, le remède proposé, l'accession au pouvoir de l'opposition quelles que soient sa forme et ses intentions, était pire que le mal. Cette déconnexion de la réalité du terrain syrien ne s'est pas contentée d'être partagée par la plupart des chancelleries occidentales. Elle a interdit toute réflexion libre au sujet de ce conflit. À l'image de la chute d'Alep-Est, quiconque exprimait un avis différent, soulignant que le régime était plus solide qu'on ne le pensait, ou que l'opposition n'était pas si pacifiste et bienveillante, se retrouvait accusé de servir Assad, voire d'être hostile à la démocratie.

Il m'arrive encore de débattre avec des spécialistes du Moyen-Orient et d'entendre que les « armées de Bachar » sont faibles, qu'elles ne tiennent que grâce à l'appui des Russes et des Iraniens. La chasse russe et l'expertise de terrain iranienne ont certes joué un rôle déterminant à des moments clefs du conflit. Le Hezbollah a eu un réel impact. L'armée syrienne s'est métamorphosée à son contact. Mais – j'ai pu le constater sur le terrain – celle-ci est toujours restée le principal acteur, à l'image de ces très jeunes soldats tenant leurs positions dans les ruines d'Alep. Une grande partie de ses succès récents tient aussi au fait qu'elle a su s'adapter aux impératifs de la contre-insurrection, sous la férule notamment de major-généraux comme Souheil al-Hassan, le chef du groupe de combat du Tigre, en pointe sur les principales offensives, ou Issam Zahreddine, qui commandait la garnison de Deir Ez-Zor, encerclée pendant trois ans par Daech. Avant le conflit, l'armée syrienne n'était qu'une grosse formation d'environ trois cent mille hommes somnolant face à l'ennemi héréditaire israélien devant le plateau du Golan en fantasmant de le reconquérir un jour. Sous le coup des défections et des revers militaires, elle a d'abord vu ses effectifs divisés par deux. Peu à peu, elle s'est transformée en une redoutable force, très mobile et désormais éprouvée par six années de guerre permanente.

Longtemps, on a entendu qu'elle ne combattait pas l'État islamique. Il est vrai que ces deux entités ont pendant un moment privilégié la lutte contre les rebelles syriens. En se mettant à deux contre un, l'EI et le gouvernement entendaient éliminer l'un des acteurs. Mais dès le départ, il semblait évident qu'aucune coexistence entre Bachar et Daech ne serait jamais possible. D'ailleurs, le combat final contre Daech n'est mené ni à Mossoul ni à Raqqa mais à Deir Ez-Zor, dans l'est syrien, d'où l'armée syrienne a chassé les djihadistes le 3 novembre 2017. Raqqa n'a pas été le «Berlin de l'État islamique». Sa chute ne constitue qu'un épisode de cette très longue guerre. En revanche, l'Euphrate pourrait se transformer en une future frontière, à l'image de la ligne Oder-Neisse, les deux cours d'eau qui marquent la démarcation entre Pologne et Allemagne depuis 1945. Dans le cas présent, les Syriens, soutenus par les Russes, et les Kurdes, appuyés par la coalition, occuperaient chacun une rive du fleuve dans le cadre d'une partition probable de la Syrie. Fédération, décentralisation, chacun rivalise d'imagination pour définir le caractère politique de la Syrie du futur en évitant prudemment de parler d'indépendance pour la partie kurde…

Face à ces événements, certains experts, qui écrivent parfois pour des médias dominants, ont du mal à prendre en compte l'évolution du conflit syrien. Pour eux, Bachar reste l'alpha et l'oméga du mal et la cause de l'émergence de l'État islamique, malgré l'évidence du contraire. « Sur le terrain, ce n'est pas l'armée syrienne qui se bat », déclare Jean-Pierre Filiu à RTS le 6 mars 2015. « Bachar el-Assad n'est pas un bouclier face à Daech », répète-t-il deux mois plus tard sur RTL. Le 23 août 2016, sur France Inter cette fois, il déclare : « Dans la lutte contre Daech, Assad ne sert à rien… Assad est incapable de reprendre du territoire à Daech. Dans le territoire profond de l'État islamique, Assad est incapable de reprendre quoi que ce soit. » Un an plus tard, l'armée syrienne et ses alliés ont repris plusieurs dizaines de milliers de kilomètres carrés à l'État islamique, en usant de la force mais pas seulement, grâce aussi à un retournement habile des tribus, notamment dans la province de Deir Ez-Zor. Pour l'expert Nicolas Hénin, dans une interview au *Parisien* en mars 2015 : « Assad et l'État islamique sont des alliés objectifs […] Et l'État islamique continuera à se développer aussi longtemps qu'Assad reste en place et continue de massacrer son peuple. » On pourrait citer encore les propos d'un Ziad Majed, dans la revue *Basta !*, en avril 2017 : « Cette idée selon laquelle le régime syrien combattrait Daech, c'est une grande illusion ! Cela n'arrive que de manière exceptionnelle. » Axel

Joly, autre expert de la Syrie, reste de loin le plus acharné dans sa défense du paradigme « Assad égal Daech ». Le 9 mai 2017, au sujet de l'offensive conjointe entre l'armée syrienne et le Hezbollah pour déloger les djihadistes présents à la frontière libanaise, il tweete : « Les forces pro-Assad lancent une attaque dans le Qalamoun afin d'empêcher la poursuite de l'offensive rebelle contre l'EI. » Assad volerait au secours de l'État islamique en attaquant les rebelles ?

Cette lecture fossilisée, purement idéologique, me fait penser à l'agonie du marxisme avec sa persistance universitaire et médiatique. À mesure que le projet socialiste se délitait en une série d'échecs cuisants dans le monde entier, des universitaires, compagnons de route ou sympathisants, ont entrepris de sauver l'idéal. Pour les adversaires de Bachar el-Assad, il en va de même. La révolution syrienne n'est plus qu'une force résiduelle, dépassée depuis belle lurette par les groupes islamistes radicaux, mais il convient de faire comme si elle existait toujours. Une partie de ceux qui pensent de cette façon appartient au groupe des néoconservateurs. Comme les marxistes, ils adhèrent à une idéologie à laquelle le réel doit se plier. Il n'est guère étonnant que leur père spirituel, Irving Kristol, ait été un ancien trotskyste, et une partie de ses premiers disciples des démocrates américains (donc de gauche) n'ayant pas digéré la défaite au Vietnam. Outre l'affirmation de la supériorité américaine dans le monde, si possible à grand renfort d'interventions militaires, les néoconservateurs se distinguent par leur approche morale de la géopolitique. *Moral clarity* (clarté morale), autrement dit : il convient de désigner qui sont les bons et qui sont les méchants. Cette façon de penser est inadaptée au Moyen-Orient, où les zones de gris dominent et où, en fin de compte, il n'y a ni bons ni méchants, juste des groupes qui recherchent leurs intérêts en se montrant plus ou moins sanguinaires pour y arriver. Incarnées par la secrétaire d'État Madeleine Albright sous la présidence Clinton, c'est avec l'accession de George W. Bush à la Maison Blanche que les idées néoconservatrices ont donné leur pleine puissance, au prétexte du 11-Septembre. Bill Kristol (le fils d'Irving), Richard Perle, Paul Wolfowitz, Douglas Faith, les « néocons » et leurs alliés, Dick Cheney et Donald Rumsfeld entre autres, étaient présents à tous les échelons du gouvernement et de l'appareil politico-médiatique. Ce « messianisme démocratique » a conduit à l'intervention américaine en Irak en mars 2003. Les conséquences en ont été la mise à l'écart de la communauté arabe sunnite, avec la prise de pouvoir de la majorité chiite. Sous Saddam Hussein, pendant plus de quarante ans, les sunnites arabes (les Kurdes sont sunnites eux aussi, mais ils ne sont pas arabes) avaient dirigé le pays. Brusquement, ils étaient rabaissés au rang de citoyens de seconde zone. Ce déclassement brutal est une des raisons majeures de l'éclosion de Daech.

Mais les « néocons » n'entendaient pas s'arrêter à l'Irak. Leur fameuse « théorie des dominos » visait à apporter la démocratie à tout le Moyen-Orient, pays après pays, pour ainsi obtenir la paix entre Israël et ses voisins. Il est étonnant de constater que des gens qui proclament vouloir installer la démocratie et la paix sont prêts pour cela à déclencher des guerres sans fin, qui plongent des pays dans le chaos pendant des décennies. Pour eux, seul importe de faire disparaître le tyran qui martyrise son peuple ou envahit ses voisins. La forme politique qui lui succédera passe à l'arrière-plan, voire, dans le cas irakien, n'est pas du tout prise en considération. Les stratèges militaires américains n'avaient même pas planifié la « phase IV » du conflit, après la chute de Bagdad. L'avenir de l'Irak était le cadet des soucis des Rumsfeld, Cheney ou Wolfovitz. Pourvu que Saddam Hussein s'en aille. Dans leur folie idéologique, les néoconservateurs imaginent qu'en tuant le tyran, la démocratie va naître spontanément, car, ils en sont persuadés, c'est le régime auquel par nature le peuple aspire, forcément. En Irak, l'invasion fut une tragédie. L'ignorance de George W. Bush des réalités moyen-orientales ajoutée à sa croyance que l'élection provoquerait *ipso facto* la démocratie contribuèrent encore plus à aggraver la situation. Le scrutin de janvier 2005 que le président américain porta à bout de bras, contre l'avis de certains conseillers qui le jugeaient prématuré, consacra la prise de pouvoir des chiites, majoritaires dans le pays, et la mise à l'écart de la communauté arabe sunnite. Du pain béni pour Al-Qaida qui recruta massivement à partir de ce moment-là. Une aubaine également pour l'Iran qui voyait s'installer un allié là où, autrefois, résidait son principal ennemi. Après le départ des Américains en 2011, les mêmes chiites irakiens, sous la férule de leur Premier ministre Nouri al-Maliki, poursuivirent cette politique d'ostracisme de la communauté sunnite. Cette fois, c'est l'État islamique, le successeur d'Al-Qaida en Irak, qui en profita. Le jeu de dominos des néoconservateurs n'a pas apporté la démocratie en Irak, ni dans aucun pays d'ailleurs : il a en revanche très certainement contribué à l'émergence de Daech.

L'échec irakien a sonné le glas de l'influence néoconservatrice aux États-Unis. L'arrivée au pouvoir de Barack Obama, élu sur une promesse de ramener les troupes à la maison, en est le symbole éclatant. En Europe cependant, cette idéologie a continué de prospérer. L'intervention en Lybie en 2011 est en partie l'illustration d'un interventionnisme déguisé derrière des principes humanitaires. Comme en Irak, les structures de l'État libyen ont été détruites après la mort du tyran Kadhafi. Dans la foulée de l'aventure libyenne et visiblement satisfaite du résultat, la France a adopté une approche comparable vis-à-vis de la Syrie. En 2012, elle a rompu ses relations avec Damas. Elle entendait forcer le départ de Bachar el-Assad et la victoire de l'opposition. Après Ben Ali, Kadhafi et Moubarak, Assad était le suivant sur la liste. Le Printemps arabe a ressuscité la théorie des dominos. Six ans après le début du conflit en Syrie, les expériences libyenne et syrienne sont des désastres. En Syrie, l'essence du fiasco réside dans la volonté de provoquer un changement de régime avec l'Iran en ligne de mire. Installer la démocratie dans le pays n'était qu'un leurre. Il s'agissait en réalité de briser le croissant chiite qui, de Beyrouth à Téhéran en passant par Damas et Bagdad, consacre l'émergence d'une force politique confessionnelle que les puissances sunnites – Arabie saoudite et monarchies du Golfe – ne peuvent tolérer. Le paradoxe est que ce même croissant chiite est né de l'autre fiasco provoqué par les néoconservateurs : l'invasion de l'Irak.

Pour résumer, il fallait briser la Syrie pour espérer endiguer une conséquence imprévue de la destruction de l'Irak : l'accroissement de l'influence iranienne.

Autrefois bouclier de l'Occident face aux velléités expansionnistes de l'Iran, l'Irak est devenu un satellite de Téhéran. Aujourd'hui, le bilan est désastreux. Non seulement l'Iran n'a aucunement perdu de son influence en Irak, mais il a renforcé son emprise sur la Syrie au point d'inquiéter Israël qui voit un de ses ennemis les plus féroces s'installer à sa porte.

Ce jeu dangereux de la surenchère guerrière face à un problème géopolitique s'est traduit par la recherche d'une défaite coûte que coûte du régime syrien, quitte à armer les rebelles pour y parvenir. Là où, conforme à sa tradition diplomatique, la France devait se trouver du côté du compromis et de la négociation, elle a cette fois favorisé un camp dans le but d'abattre l'autre. Le paroxysme de cette attitude est illustré par la livraison d'armes à l'Armée syrienne libre par la DGSE en 2013. Ce genre d'initiative a ajouté de la guerre à la guerre pour livrer l'ensemble du Moyen-Orient à un chaos sans fin dont l'actualité nous abreuve chaque jour. Cette posture qui a consisté à appuyer la victoire d'un camp en Syrie n'a surtout rien apporté sur un plan intérieur en France. Une partie du casse-tête sécuritaire que notre pays connaît provient de l'attractivité de la zone syro-irakienne dans le phénomène djihadiste. Son écho nous revient comme un boomerang sous la forme d'attaques au couteau ou à la voiture bélier et d'attentats de masse. Il n'existe pas toujours de lien entre les terroristes qui passent à l'action et le Califat. Mais on ne peut que constater que, terroristes ou déséquilibrés, commandos pilotés ou initiatives individuelles, tous agissent en s'inspirant des consignes édictées par Daech ou profitent du climat de peur qu'il a su générer. La position française de rupture en Syrie nous a privés d'une mine de renseignements sur nos djihadistes. Indirectement, elle a contribué à mettre en péril notre sécurité intérieure.

La ligne adoptée par Emmanuel Macron a marqué la fin du néoconservatisme chez nous. Elle est marquée par un retour à la Realpolitik et le recul du « wilsonisme botté », selon la jolie formule du politologue Pierre Hassner. « Le vrai aggiornamento que j'ai fait à ce sujet, a déclaré le président français, c'est que je n'ai pas énoncé que la destitution de Bachar el-Assad était un préalable à tout. Car personne ne m'a présenté son successeur légitime[26] ! » Mais, tel le marxisme d'autrefois qui avait du mal à admettre son échec, le néoconservatisme reste vivace dans les cercles intellectuels et médiatiques. Cela donne des récits et des prises de position à des années-lumière des réalités sur le terrain. Certains « experts », je pense en particulier à l'Américain Charles Lister ou à l'Allemand Julian Röpcke, se sont spécialisés dans l'actualité du camp rebelle. Chaque jour, ils traquent la moindre information issue de cette zone. À longueur de tweets, ils réfléchissent à l'organisation future d'Idlib comme s'il s'agissait d'une marche vers la démocratie, comme au début du conflit, alors que là-bas, Al-Qaida s'est installé au pouvoir. La Syrie rend fou… Comme l'écrira le journaliste Jean-François Kahn après la chute d'Alep : « Aussi respectable et même juste soit-elle, une cause justifie-t-elle que, pour la défendre, on abolisse le réel à partir du moment où il devient dérangeant, jusqu'à se construire un monde complètement imaginaire ? »

10

Chimique

Le 4 avril 2017, dans la ville de Khan Cheikhoun située dans la province d'Idlib, quatre-vingt-trois civils, dont vingt-trois femmes et vingt-huit enfants, sont massacrés dans une attaque chimique. L'indignation est générale. L'armée de l'air syrienne est pointée du doigt. Assad récidive avec les « armes sales ». L'avion portant la charge, un Soukhoï-22, aurait décollé de la base d'Al-Shayrat, près de Homs, pour larguer quatre charges, trois conventionnelles et une autre emportant un mélange de gaz sarin et de chlore. Trois jours plus tard, Donald Trump décide de frapper unilatéralement la Syrie. Tirés depuis des navires américains croisant au large de la Syrie, une quarantaine de missiles Tomahawks s'abattent sur Al-Shayrat. Les Américains avaient prévenu les Russes qui ne se sont pas gênés pour avertir à leur tour les Syriens. L'attaque fait six victimes. Or cinq mille soldats auraient dû stationner là en temps ordinaire.

J'avais fait une halte en avril 2016 sur le chemin de Palmyre dans cet immense complexe militaire. Le personnel a eu le temps de fuir. À Shayrat, des bâtiments ont bien été détruits, mais les pistes sont restées intactes. Dès le lendemain, les Syriens mettent un point d'honneur à refaire décoller leurs avions. Cette riposte a donc valeur d'avertissement sans frais. Il est vrai qu'à la différence de son prédécesseur, Donald Trump a entériné le fait que c'est bien la Russie qui a pris les commandes en Syrie. Il n'ira pas au-delà. On s'en souvient, Barack Obama n'a rien tenté en Syrie. Le nouveau président aimerait s'en tenir à ses promesses de campagne. «*America first !*» signifie se désengager du Moyen-Orient. En frappant la Syrie six mois après son élection, il renoue avec la vocation de gendarme du monde qu'ont adoptée les États-Unis depuis la Seconde Guerre mondiale. Ces frappes sont aussi un message à destination de l'Iran et de la Corée du Nord.

Le 5 septembre 2017, après cinq mois d'enquête, un rapport de l'ONU accuse ouvertement le gouvernement syrien d'être derrière l'attaque chimique. Le 26 octobre, le Conseil de sécurité de l'ONU confirme cette analyse. Les investigateurs n'ont jamais pu se rendre sur les lieux du massacre, jugés trop dangereux car contrôlés par Al-Qaida. En octobre 2017, ils ont pu visiter la base d'où est parti l'avion, mais ils n'ont pas prélevé d'échantillons, n'ayant aucune idée de l'endroit où les stocks chimiques pouvaient se trouver sur une base d'une superficie de plus de 10 kilomètres carrés... Dans leur enquête, ils s'en sont remis à l'analyse d'échantillons rapportés depuis la zone rebelle, aux autopsies et aux auditions de quarante-trois témoins, blessés ou secouristes, pratiquées à l'extérieur de la Syrie, avec tout ce que cela peut comporter de suspicion de manipulation. Ce qui n'a bien sûr pas manqué d'être souligné par le camp gouvernemental. « Il existe des motifs raisonnables de croire que les forces syriennes ont attaqué Khan Cheikhoun avec une bombe au sarin », conclut le rapport[27]. Les scientifiques de l'OPCW (Organisation pour l'interdiction des armes chimiques) auraient remonté la piste du gaz sarin jusqu'à avoir la certitude qu'il faisait bien partie des stocks d'armes chimiques que le gouvernement syrien possédait en 2013, les mêmes qui, selon l'accord entre les Russes et les Américains à l'époque, étaient censés avoir été éliminés...

On peut pourtant se poser les questions suivantes : pourquoi Bachar el-Assad aurait-il fait usage d'une arme chimique sachant la réprobation internationale à laquelle il s'exposait, à un moment où tout lui souriait ? Pourquoi l'aurait-il fait quand, tant en France qu'aux États-Unis, les chancelleries n'exigeaient plus son départ en préalable au règlement du conflit ?

Ensuite, Khan Cheikhoun étant éloignée des zones de front, pourquoi cibler un objectif qui n'avait aucun intérêt d'un point de vue militaire ? Une des hypothèses avancées est qu'il aurait agi ainsi afin de terroriser les rebelles au cœur de leur réduit et, devant le peu de réactions concrètes hormis quelques frappes américaines symboliques, de montrer à ses adversaires qu'il fait désormais ce qu'il veut en Syrie. Un autre argument voudrait qu'Assad ait depuis longtemps tiré un trait sur l'idée de redorer son blason en Occident et que seul compte pour lui de consolider son pouvoir après des années de guerre qui ont laissé son armée en partie décimée. Il se tournerait désormais uniquement vers l'est : la Russie, l'Iran, mais aussi l'Inde et la Chine, des pays nettement moins regardants sur la manière dont il s'y prend pour regagner son territoire…

Les preuves de l'usage du gaz sarin seraient accablantes. Puissant neurotoxique, mortel même à faible dose, le gaz sarin franchit la barrière des poumons d'où il passe directement dans le sang. Inventé en 1939 par des chimistes allemands qui cherchaient au départ à fabriquer un pesticide, il a depuis été produit dans de nombreux pays, dont l'URSS et les États-Unis jusque dans les années 1950. En 1991, la résolution 687 de l'ONU l'a classé comme arme de destruction massive[28]. Ce type d'arme est associé au souvenir du gaz moutarde de la Première Guerre mondiale. Son utilisation constitue la pire infraction, le summum de l'horreur dans une guerre. Il est interdit d'en produire et d'en posséder. Les stocks syriens d'armes chimiques étaient censés avoir tous été détruits à la suite d'une initiative de la Russie, ce qui avait permis d'éviter les frappes de la coalition en septembre 2013. L'affaire de Khan Cheikhoun a eu pour conséquence qu'en dehors de ses alliés traditionnels, Bachar al-Assad est retourné à son isolement. « Il y a quelques années, cette attaque aurait provoqué une crise internationale majeure, affirme l'expert Aron Lund, mais aujourd'hui, la conclusion d'une commission d'enquête de l'ONU affirmant que les forces du président syrien Bachar el-Assad ont bien utilisé un gaz neurotoxique ne risque pas d'infléchir le cours de la guerre »[29].

Dix jours plus tard, le 16 avril, un autre massacre se produit dans la localité d'Al-Rashideen, proche de l'enclave gouvernementale située dans la province d'Idlib, cette zone évoquée préalablement à l'occasion de l'évacuation d'Alep-Est. Plusieurs centaines de personnes attendent de monter dans des bus pour quitter l'enclave, dans le cadre des accords entre rebelles et gouvernement. Une camionnette explose, faisant cent vingt-huit morts dont soixante-huit enfants. L'opération kamikaze, qui a l'apparence d'une réponse du camp rebelle à l'attaque chimique de Khan Cheikhoun, provoque quelques réactions d'indignation. S'il n'y avait eu le photographe de l'opposition Abd Alkader Habak, filmé par un confrère en train d'extraire au péril de sa vie des enfants du brasier, l'attentat n'aurait été qu'une statistique de plus en Syrie, un massacre comme un autre. Faire usage du chimique contre une population civile est éminemment plus condamnable qu'une attaque suicide. Mais on peut tout de même s'interroger sur les suites données à cet autre massacre qui visait lui aussi une majorité d'enfants. Est-ce à dire que ces enfants-là, enfants chiites donc enfants du camp d'Assad, n'ont pas droit à notre compassion ? En se plaçant du côté des victimes, où la différence se trouve-t-elle, entre agoniser en convulsant sous l'effet du sarin ou brûlé par l'essence d'une camionnette ? En démissionnant le mois dernier de son poste à la commission d'enquête des Nations unies sur la Syrie parce qu'elle jugeait qu'elle n'arrivait à rien, Carla del Ponte a indirectement répondu à cette question : « En Syrie, il n'y a plus que des méchants ».

En 1942, dans ses « Réflexions sur la guerre d'Espagne », l'écrivain britannique George Orwell posait déjà la question de la relativité des crimes de guerre et de leur exploitation. « Je n'ai que peu d'informations de première main sur les atrocités de la guerre civile espagnole, écrivait-il. Je sais qu'un certain nombre ont été commises par les républicains, et un nombre bien plus grand – ce nombre ne cessant de s'accroître – par les fascistes. Mais ce qui m'est apparu alors, et qui me frappe encore, c'est que ce sont les choix politiques qui déterminent exclusivement le crédit qu'on accorde ou non aux atrocités. Chacun croit aux atrocités ennemies et refuse de croire à celles de son camp, même sans prendre la peine d'examiner les faits. J'ai récemment dressé une liste des atrocités commises depuis 1918. Pas une année ne s'est écoulée sans que des atrocités ne se commettent ici ou là, et l'on chercherait en vain un seul cas où la gauche et la droite aient simultanément ajouté foi aux faits rapportés. Plus étrange encore, la situation peut à tout moment se renverser brutalement et les atrocités d'hier, prouvées et archiprouvées, peuvent devenir un mensonge ridicule, pour la seule raison que le paysage politique a changé[30]. »

11

Fuite en avant

Le 2 août 2017, les États-Unis annoncent la fin du programme d'aide de la CIA aux rebelles syriens, en dehors du soutien à l'alliance arabo-kurde des Forces syriennes démocratiques qui combat Daech. Admettant que l'intervention russe aux côtés de Bachar el-Assad a changé la donne, ils reconnaissent également, comme l'a écrit le chroniqueur du *Washington Post* David Ignatus, que « bizarrement, une de ses pires conséquences est que [le programme] a contribué à provoquer l'intervention russe en 2015 qui a sauvé le président Bachar el-Assad. En conséquence, il a obtenu le contraire de l'effet recherché[31] ». Donald Trump a sifflé la fin de la récréation. On l'a accusé d'agir ainsi pour s'attirer la sympathie de Vladimir Poutine. En réalité, l'aide aux rebelles faisait déjà l'objet de vives critiques sous l'administration Obama. C'est d'abord, comme très souvent, en businessman que Trump a réagi. Évalué à 1 milliard de dollars, ce programme clandestin répondant au nom de code de « Timber Sycamore » était le plus coûteux depuis le financement des moudjahidines afghans dans les années 1980. Au printemps 2015, les rebelles lui doivent la prise de contrôle de vastes territoires au nord de la Syrie, grâce notamment à la livraison par les Saoudiens et la CIA de missiles antitanks TOW qui donnèrent du fil à retordre à l'armée syrienne. Pour Michael Vicker, chargé au Pentagone de Timber Sycamore jusqu'en 2015, « la guerre civile syrienne représentait une opportunité de premier plan de repousser la puissance iranienne au Moyen-Orient en coupant son cordon d'alimentation du Hezbollah[32] ». On est donc très loin des idéaux démocratiques. Mais admettons. Si seulement le programme avait été financé de façon correcte, il aurait pu s'inscrire dans une stratégie véritable pour la région. Or ça n'a pas été le cas. Non seulement l'objectif d'imposer un gouvernement démocratique à Damas était irréaliste pour les raisons que nous avons vues – la nature de l'opposition dominante et ses aspirations –, mais en plus, on n'a jamais voulu donner aux rebelles les moyens de prendre le pouvoir…

L'autre argument avancé pour l'abandon du programme est que le Front al-Nosra, branche syrienne d'Al-Qaida, aurait bénéficié de ces armes. Alors que les rebelles progressaient à Idlib, Hama et Lattaquié,

Nosra grandissait en leur sein jusqu'à en prendre le leadership. Comme le confirme l'expert Fabrice Balanche, jusqu'à l'hiver 2013-2014, certains groupes avaient travaillé aux côtés de Daech avant de se retourner contre lui. Au départ, Daech et Nosra étaient une seule et même entité. L'actuel chef de Nosra, Abou Mohammed al-Jolani, a jadis été chargé par le futur calife, Abou Bakr al-Baghdadi, de combattre Assad en Syrie. La domination progressive du camp rebelle par Nosra a été une des raisons invoquées par la Russie pour son intervention. Mais même Obama, au cours de la dernière année de son mandat, s'était rendu à la raison : l'ennemi principal était Daech ou Nosra, et non plus Assad. Et pour ce qui était du camp rebelle, quinze ans après le 11-Septembre, il devenait plus que gênant pour l'administration américaine de soutenir des groupes ayant des liens avérés avec Al-Qaida. Ce n'était pourtant pas nouveau. On aurait pu faire le même constat de collusion entre rebelles et djihadistes beaucoup plus tôt. En octobre 2012, David E. Sanger l'écrivait dans le *New York Times* : « Le gouvernement des États-Unis savait depuis le milieu de l'année 2012 que les armes livrées massivement par la CIA et une quinzaine de services spéciaux dont les Français depuis la Turquie et la Jordanie équipaient principalement des groupes djihadistes[33]. »

Fin juillet, après avoir vu la vidéo de l'exécution du jeune Abdullah Issa par les djihadistes d'Harakat Nour al-Din al-Zinki, Donald Trump a pris sa décision. Le président américain voulait comprendre pourquoi un groupe ayant bénéficié de l'aide américaine en était arrivé à décapiter un enfant sans défense, à filmer cette horreur et à la mettre sur Internet. Il n'a pas obtenu de réponse satisfaisante.

Sur le terrain, l'été 2017 a été marqué par la prise de pouvoir à Idlib de Hayat Tahrir al-Cham (HTS), le nouveau nom d'Al-Nosra, et sa victoire sur tous les autres groupes, en particulier sur son grand rival, Ahrar al-Cham. La capitale de la province a été conquise, ainsi qu'une trentaine de localités alentour et la quasi-totalité des check-points, y compris le poste-frontière avec la Turquie. Le gouvernement syrien n'a même pas eu à mener d'offensive pour voir les forces de l'opposition imploser. On l'a déjà dit, en mars 2015, Jaysh al-Fatah (l'armée de la conquête), alliance entre le front al-Nosra, Ahrar al-Cham, Jund al-Aqsa et Failaq al-Cham, avait infligé les plus sérieux revers de toute la guerre à l'armée syrienne. Il leur avait fallu moins de quatre jours pour conquérir Idlib. Les Russes ont indiqué qu'ils considéraient de la même façon l'État islamique et Al-Qaida. Les rebelles se sont donc retrouvés au pied du mur, contraints de devoir rompre leur alliance avec le groupe djihadiste afin d'éviter les frappes russes, mais se privant du même coup du groupe le mieux armé et le plus efficace contre le gouvernement. Ils n'ont pas eu à choisir. HTS a lui-même fait le ménage.

L'organisation avait tenté à plusieurs reprises des opérations de séduction à destination de l'Occident, voulant faire oublier son allégeance à Al-Qaida. En juillet 2016, le front Al-Nosra annonce sa rupture avec Al-Qaida et change de nom, pour s'appeler désormais Hayat Tahrir al-Cham. Mais en dépit des promesses faites un an plus tôt par son leader Abou Mohammed al-Jolani de ne pas chercher à se venger des alaouites et de tolérer les autres minorités en cas de victoire, le groupe n'a jamais indiqué qu'il pourrait renoncer à son projet de construire un émirat islamique.

Avec deux millions d'habitants, dont la moitié de déplacés, Idlib s'est transformée en réceptacle de tous les territoires rebelles perdus à travers la Syrie. Les Russes ont vidé peu à peu les enclaves. Pour les combattants et leurs familles, Idlid est la destination finale. Cité par Reuters, un haut diplomate européen analyse ainsi la situation : « Pour les Russes, c'est simple. Mettez-les tous à Idlib et, alors, ils auront tous leurs œufs pourris dans le même panier. » L'accord d'Astana (Kazakhstan), passé en mai 2017 entre les Russes, les Syriens, les groupes rebelles et leurs principaux mécènes, en particulier la Turquie, a établi des « zones de désescalade » en Syrie qui isolent les groupes djihadistes. L'offensive de Hayat Tahrir al-Cham et la prise de contrôle de la province est la conséquence de ce sentiment d'ostracisme, validé par l'ensemble de la communauté internationale, une fuite en avant qui ne laisse rien augurer de bon pour l'avenir.

Bachar el-Assad ne peut que se frotter les mains de ce changement de physionomie sur le terrain. Les zones de désescalade soulagent ses armées et leur permettent de concentrer leurs efforts sur la reconquête des territoires aux mains de l'État islamique. Dans cette partie de billard à trois bandes, Daech aura perdu en premier. Au final, les choses se règlent entre Syriens, gouvernement et rebelles, sous supervision russe et turque. On avait pourtant annoncé que l'intervention russe en Syrie aurait comme conséquence de pousser les rebelles dans les bras de Daech. Il n'en a rien été. La nature irakienne de l'État islamique n'a jamais pris sur le terreau syrien. C'était là une des nombreuses inepties qui ont parsemé l'histoire de ce conflit. Côté américain, l'élection de Donald Trump a changé la donne. Mais elle n'explique pas tout. « Idlib est devenue le plus grand sanctuaire d'Al-Qaida depuis le 11-Septembre », reconnaît Brett McGurk, l'envoyé de la présidence américaine auprès de la coalition contre l'État islamique. Autrefois objets de toutes les attentions des Occidentaux, les rebelles dominés par HTS ont rejoint la catégorie des menaces terroristes. Les Américains, craignent maintenant la capacité du groupe à préparer des attaques en Occident depuis sa base arrière. Encore une fois, ce constat est du pain béni pour Bachar el-Assad. Car une fois l'Est syrien nettoyé, Damas pourra reprendre son offensive sur Idlib. Hier l'État islamique, demain HTS / Al-Qaida : l'armée syrienne a désormais le beau rôle, et l'usage ou pas de l'arme chimique n'y changera probablement rien. Avec les Kurdes, les vrais alliés de l'Occident, elle est la principale force de lutte contre un terrorisme qui, par le biais d'attentats, nous rappelle à intervalles réguliers sa toxicité planétaire et son rang de menace numéro un. « En ce qui concerne la Syrie, nous avons très peu de choses à y faire en dehors de tuer Daech », conclut Donald Trump[34]. Bachar el-Assad a désormais les mains libres.

12

Lueurs d'espoir

Mardi 5 septembre, dans l'après-midi, au terme d'une progression rapide à travers le désert, l'armée syrienne et ses alliés font la jonction avec la garnison de Deir Ez-Zor à l'est du pays. Depuis trois ans, dans une indifférence médiatique presque totale, quelque cinq mille soldats de l'armée syrienne y vivaient assiégés par l'État islamique. La garnison protégeait quatre-vingt-dix mille habitants encore présents dans la ville. Les soldats syriens étaient dirigés par le major-général Issam Zahreddine, un membre de la minorité druze reconnaissable entre tous par sa barbe imposante et son chapeau de brousse. Personnage complexe, accusé d'avoir bombardé massivement les civils à Homs en 2002, Zahreddine était devenu pour son camp le héros de Deir Ez-Zor. Il a été tué en octobre 2017 en sautant sur une mine. Pendant le siège, l'armée syrienne avait utilisé un pont aérien pour ravitailler l'enclave. Deir Ez-Zor possède en effet un aéroport très précieux qui était l'objectif des djihadistes. Sa prise aurait signifié à coup sûr la fin de l'enclave et un nouveau massacre, comme Daech en a commis tant là où il est passé. Malgré des dizaines d'offensives, Daech n'est jamais parvenu à faire tomber Deir Ez-Zor. La jonction avec les troupes syriennes marque un nouveau tournant dans la guerre. Si Alep a consacré la défaite des rebelles syriens, Deir Ez-Zor laisse augurer la fin prochaine de l'État islamique en Syrie. Sa capitale, Raqqa, a été conquise, cette fois par les forces arabo-kurdes des FDS. À ce stade, le gouvernement syrien a repris plus de 50 % de son territoire.

Ce soir-là pourtant, la percée à Deir Ez-Zor sera presque passée au second plan. Au même moment en effet, l'équipe de football syrienne jouait contre l'Iran sa qualification au mondial de 2018 en Russie. La rencontre avait lieu à Téhéran. L'équipe syrienne est ancienne. Sa création remonte aux années 1930. Depuis le début du conflit, les « Aigles de Damas » ne disputent jamais une rencontre à domicile, pour des questions de sécurité. Soudain, le pays connaît un rare moment d'unité : les zones gouvernementales tout comme les zones rebelles souhaitent presque unanimement une victoire. Certains opposants ont qualifié la formation nationale d'« équipe de Bachar ». Pour eux, les meilleurs joueurs sont morts, martyrs de la Révolution ou torturés par le régime. Quatre autres joueurs, soupçonnés par Daech d'être des espions, ont été égorgés à Raqqa. En tout, trente-huit footballeurs ont été tués pendant le conflit. Omar al-Somah, l'auteur du deuxième but face à l'Iran, et Firas Al-Khatib, considéré comme le meilleur joueur syrien de tous les temps, ont longtemps boycotté la sélection nationale. Originaire de Homs, Firas Al-Khatib n'a jamais fait mystère de son soutien à l'opposition. Tous deux ont choisi récemment de revenir dans l'équipe nationale. Il y avait dans leur décision comme un souhait que la guerre se termine.

Le score final de deux buts partout allait permettre aux Aigles de Damas de jouer les barrages et d'entretenir l'espoir quelques semaines encore. Partout dans le pays, les gens s'étaient réunis sur des pelouses pour regarder la rencontre sur écrans géants et dans des cafés. Au moment du but d'égalisation pour la Syrie, le cri du commentateur ressemblait à celui de tout un peuple, un cri d'espoir, pour que cessent les atrocités et que l'on recommence comme avant. Deux semaines plus tard, l'Australie mettra fin au rêve des Syriens en éliminant les Aigles de Damas, deux buts à un.

Bachar, on l'imagine, a regardé cette épopée en famille. Son fils aîné, Hafez, est un grand fan de football. On raconte qu'un jour, il s'est présenté devant son père avec sur les épaules le maillot du Barça. Il n'a échappé à personne dans la famille que sur sa poitrine était inscrit : *Qatar Foundation*. Le père n'a rien dit, jugeant sans doute que la politique est une chose, et le sport une autre. Ce n'était pas à Bachar cependant que les Syriens pensaient ce soir-là. Ils avaient en tête leur armée – et surtout leur équipe, promesse de réconciliation et espoir de lendemains meilleurs. On ne saurait résumer à un match de quatre-vingt-dix minutes les aspirations des Syriens, mais il existe des signes qui sont préludes à des changements. Rarement une rencontre sportive n'aura revêtu une telle importance symbolique, ni n'aura autant montré au grand jour le souhait des Syriens que la guerre s'arrête.

13

Conclusion

« Hier, ma fille m'a demandé ce qui se passait en Syrie. Elle a onze ans. J'ai essayé de lui expliquer. »

La scène est tirée du *Bureau des légendes*, une série télévisée inspirée de la vie d'agents de la DGSE. Elle se déroule à Bruxelles, dans une officine de la Commission européenne. Sur une grande carte de la Syrie, le commissaire chargé de l'aide humanitaire et de la protection des civils rejoue l'explication qu'il a donnée à sa fille devant Nadia el Mansour, son adjointe.

Il désigne d'abord Damas : « Ici, on trouve Bachar el-Assad. »

Son doigt se déplace maintenant vers le nord du pays : « Il combat les rebelles ici à Alep, avec l'aide des Russes et du Hezbollah libanais. »

Puis il pointe l'est de la Syrie : « Ici, c'est l'État islamique. »

Toujours plus haut sur la carte : « Là, ce sont les

Kurdes qui les combattent, aidés par quelques tribus sunnites, des Américains, des Français et quelques bataillons iraniens. Là ce sont les sunnites, là les chiites. Et tout là-haut, vous trouvez les Iraniens qui soutiennent Bachar el-Assad dans sa lutte contre l'État islamique. »

Pour finir, il désigne le bas de la carte : « Ici vous avez l'Arabie saoudite qui soutient les rebelles et les islamistes qui ne sont pas l'État islamique. »

« Et votre fille a-t-elle compris quelque chose ? » lui demande Nadia el Mansour.

« Non. »

J'ai voulu raconter la Syrie, je l'espère avec plus de succès, à travers le portrait de son président controversé. Ensuite, à travers cette guerre qui aurait dû conduire à son élimination, et qui, en fin de compte, aura contre toute attente contribué à le renforcer. J'ai livré des éléments qui permettent, je le pense, de lever une part du mystère Bachar : sa personnalité à la croisée de l'Orient et de l'Occident, son goût pour les technologies, les différences avec son père, son isolement et ce qui en découle. J'ai expliqué aussi pourquoi et comment il s'est maintenu au pouvoir, et fait le constat que cela nous amène à nous interroger sur ce que nous, Français et Occidentaux, avons fait en Syrie.

Au moment où j'achève d'écrire ce livre, l'heure de la reconstruction commence à peine. La déroute progressive de l'État islamique, ajoutée aux redditions successives des rebelles et à une forme d'accalmie sur les autres fronts, permet au gouvernement d'envisager l'avenir. Celui-ci dépendra de beaucoup de paramètres. D'abord de la façon dont va s'opérer le retour des réfugiés. Le processus de réconciliation sera-t-il sincère et réussi ? Le gouvernement syrien saura-t-il mettre en place des politiques de reconstruction urbaine audacieuses et inclusives ? La nouvelle stature du régime a toutefois un prix, celle d'une extrême dépendance vis-à-vis de ses parrains russe et iranien. Le pays est en lambeaux et les plaies ouvertes par presque sept années de guerre mettront du temps à se refermer. L'ampleur des destructions est considérable. Un rapport de la Banque mondiale datant de juillet 2017 établit que près de neuf cent mille habitations (sur quatre millions) ont été détruites, soit 20 % des maisons syriennes ! Ainsi, 23 % de Homs, 31 % d'Alep ou encore 41 % de Deir Ez-Zor ne sont que des montagnes de gravats[35]. Des quartiers comme Daraya à Damas ont été rayés de la carte. La zone industrielle d'Alep, nous l'avons constaté, ressemble à Verdun. À l'est, il faudra remettre en état les infrastructures énergétiques presque entièrement détruites par les frappes aériennes. La question agricole est à repenser de fond en comble, et celle de l'eau reste fondamentale.

L'avenir de la Syrie se passera d'une participation de l'Occident. L'Union européenne, la France et les États-Unis refusent de financer tout projet qui légitimerait le gouvernement syrien comme acteur étatique incontournable. C'est regrettable quand on connaît la place que la France a occupée autrefois dans ce pays. Je me souviens d'une visite au lycée français de Damas. Dans le bureau du proviseur, il y avait au mur de vieilles photos montrant de Gaulle à Lattaquié ou à Alep en 1941. Il était venu marquer son territoire. La Syrie d'alors, c'était la France libre. Je me souviens aussi de certaines rencontres au cours de mes séjours dans le pays. Si ma qualité de Français me plaçait parfois, on l'a vu, dans une position délicate, en d'autres circonstances, certains habitants étaient enchantés de pouvoir reparler avec moi une langue que plus personne autour d'eux n'utilisait.

Cette absence de la France et de l'Europe dans la reconstruction n'est pas franchement un problème pour les Syriens. D'autres puissances n'ont pas leurs scrupules. Comme l'a montré en août la première Foire internationale à Damas depuis le début de la guerre, des projets dans les infrastructures, le BTP ou l'énergie sont déjà engagés. Un conglomérat arabo-chinois a annoncé un investissement de 2 milliards de dollars pour la rénovation des parcs industriels. Les besoins sont immenses. Parmi les acteurs de cette reconstruction, la Russie et l'Iran se taillent la part du lion. Mais l'Inde, la Chine ainsi que plusieurs pays émergents dont le Brésil invités à la foire de Damas se sont montrés intéressés par la perspective de juteux contrats. Pour Damas, l'avenir se situe principalement à l'est.

La Syrie aura été la guerre d'Espagne de notre génération. D'abord par le nombre de ses victimes : trois cent quarante mille. En Espagne, entre juillet 1936 et mars 1939, elles avaient été près d'un million. Ensuite par les millions de réfugiés qui ont fui le pays pour s'entasser dans des camps. Ces guerres se ressemblent par l'implication de puissances étrangères rivales, ce qui, comme dans le cas du Liban dans les années 1980, a eu pour conséquence de rendre le conflit plus long et plus douloureux. Dans ces deux guerres, que ce soit Franco ou Assad, le vainqueur n'a pas été celui sur lequel l'Occident avait misé…

Ces guerres se distinguent par leur complexité. En Espagne, lorsque le camp républicain se déchirait, des subtilités dialectiques suffisaient parfois à vous faire perdre la vie. Selon que vous étiez rouge ou noir (communiste ou anarchiste), s'aventurer dans une ruelle de Barcelone pouvait s'avérer fatal. En

Syrie, les divisions sont profondes et tranchées, pour preuve les milliers de check-points qui parsèment le pays. Les alliances parfois inattendues. Elles contredisent souvent la lecture confessionnelle qui voudrait y voir un énième avatar de l'affrontement entre sunnites et chiites. La majorité des sunnites est restée du côté du gouvernement. Certains chiites, à l'image des alaouites, ne sont en réalité pas tout à fait des chiites… N'est-il pas troublant enfin de réaliser que l'ancien empire de l'athéisme, la Russie, soutient des ultrareligieux comme le Hezbollah, quand les très chrétiens Américains aident les Kurdes communistes du YPG ? C'est le monde à l'envers.

De bout en bout, cette guerre fut une tromperie sanglante. Chacun est intervenu non pas en pensant au bien du peuple syrien, mais en recherchant ses intérêts : rêves d'indépendance pour les Kurdes, crainte des Turcs que ces mêmes rêves se réalisent, recherche d'un rôle régional pour l'Iran, volonté de lui barrer la route pour l'Arabie saoudite et le Qatar, retour en force sur la scène internationale pour la Russie, volonté de ne pas laisser le terrain au vieil ennemi russe pour les États-Unis. Les Américains ont eu une position très ambiguë. Ils ont cherché à agir sur le terrain tout en manifestant leur souhait de se désengager. C'est vrai sous Donald Trump, mais ça l'était déjà sous Barack Obama. Au final, s'ils ont contribué à la défaite de Daech, ils ne sont parvenus qu'à ajouter de la confusion à la confusion. La guerre en Syrie aura marqué les limites de leur capacité d'intervention dans le monde, quand dans le même temps les Russes relevaient la tête et s'imposaient comme pivot véritable du Moyen-Orient.

La Syrie ressemble à l'Espagne enfin par la manipulation de l'information qui a eu cours chez tous les acteurs. Depuis Bachar el-Assad, qualifiant de « terroriste » quiconque prenait les armes contre lui, jusqu'aux soutiens occidentaux à l'opposition, gouvernement français ou experts, persistant à trouver des vertus à des groupes djihadistes qui n'en avaient aucune.

George Orwell avait abordé le problème des conflits et de la communication dans ses « Réflexions sur la guerre d'Espagne ». « Tôt dans ma vie, écrivait-il, je m'étais aperçu qu'un journal ne rapporte jamais correctement aucun événement, mais en Espagne, pour la première fois, j'ai vu rapporter dans les journaux des choses qui n'avaient plus rien à voir avec les faits, pas même le genre de relation que suppose un mensonge ordinaire. J'ai vu rapporter de grandes batailles là où aucun combat n'avait eu lieu et un complet silence là où des centaines d'hommes avaient été tués. [...] J'ai vu les journaux de Londres débiter ces mensonges et des intellectuels zélés bâtir des constructions émotionnelles sur des événements qui n'avaient jamais eu lieu. J'ai vu, en fait, l'histoire s'écrire non pas en fonction de ce qui s'était passé, mais en fonction de ce qui aurait dû se passer selon les diverses "lignes de parti". »

La chute de Raqqa, le mardi 17 octobre 2017, a marqué un point de non-retour dans le démantèlement du Califat de Daech. Quatre mois plus tôt, sa défaite militaire à Mossoul avait brisé la colonne vertébrale de l'organisation. Notons au passage qu'une nouvelle fois, comme à Mossoul, l'ampleur des destructions n'a pas suscité le même concert de protestations que pour Alep en son temps. La parade de combattantes kurdes sur la place Al-Naïm, en plein cœur de Raqqa, la capitale de l'EI, là où autrefois il rendait sa justice apocalyptique en décapitant en plein jour, a assuré une revanche symbolique à tous les groupes – les femmes en particulier – menacés par le Califat. La course de vitesse entre les Kurdes, l'armée irakienne et celle d'Assad pour s'emparer des lambeaux de l'EI, en particulier des gisements d'hydrocarbures, sera sans doute achevée au moment où ce livre sera publié. Quant à Bachar el-Assad, il aura consolidé son pouvoir dans un pays meurtri qui a fini bon gré mal gré par se ranger derrière lui, à défaut d'alternative à son règne autres que les fantasmes de quelques diplomates et politiciens occidentaux et des pays du Golfe, dont certains, comme Robert Ford, reconnaissent volontiers l'impasse dans laquelle les positions de leur pays les ont conduits. L'ancien ambassadeur américain à Damas propose ni plus ni moins d'abandonner le terrain pour ne plus aider que les Syriens en exil. Dans une tribune intitulée « Rester en dehors de la Syrie » et publiée par la revue *Foreign Affairs*, il explique que « les États-Unis n'ont aucune option convenable en Syrie, mais certaines sont pires que d'autres. À ce stade, imaginer se débarrasser d'Assad pour le remplacer par un gouvernement réformé est de l'ordre du fantasme, donc il faut arrêter de soutenir les factions anti-gouvernementales. Le gouvernement syrien est déterminé à reprendre l'intégralité du pays et il va probablement y parvenir. Cela signifie que les États-Unis doivent abandonner tout espoir de supporter une région kurde autonome ou d'obtenir le respect des droits humains et de la démocratie. Et parce que le gouvernement d'Assad est profondément corrompu, les États-Unis ne doivent pas aider le régime dans la reconstruction. Il existe cependant une manière d'être utile et bénéfique : soulager les souffrances de millions de réfugiés syriens à l'extérieur du pays[36] ».

Je n'ai pas revu Assad malgré plusieurs demandes. Peut-être le reverrai-je l'an prochain ? L'ayant rencontré alors qu'il était acculé, dans une position de faiblesse, j'aimerais pouvoir déceler ce que son étrange victoire provoque en lui. Récemment, en jetant un coup d'œil sur Twitter, j'ai vu passer une photo de lui en compagnie du chef d'état-major iranien Mohammad Bagheri, en visite à Damas. Il portait toujours son costume gris clair et sa cravate impeccablement nouée autour de son long cou. Il n'était en rien différent de celui qui m'avait accueilli sur le perron de son bureau trois ans plus tôt. Son visage ne semble jamais vieillir. Chez Bush ou Obama, on a pu voir le cheveu blanchir dans l'exercice du pouvoir, un univers où les années comptent triple. Sur le visage de Poutine, les marques de l'âge sont effacées, culte de l'éternelle jeunesse oblige, grâce à quelques manipulations chirurgicales. Chez Assad, rien de tel. À peine deux ou trois plis sont-ils venus creuser un front légèrement dégarni au niveau des tempes. Ce sont là les seules concessions au temps d'un visage adolescent, qu'une fine moustache ne parvient pas tout à fait à rendre sévère. Je me demande ce qu'il a appris de ces six années de guerre. Je m'interroge aussi sur ce qu'il compte faire pour la suite, maintenant que les « terroristes » qu'il vouait à la vindicte ont presque tous perdu la partie…

Bachar el-Assad va devoir diriger un pays où pas une famille n'a été épargnée par la mort, où beaucoup comptent un parent ou un proche vivant à l'étranger.

À travers ses réfugiés et son opposition, la guerre a fait de la Syrie, pays mal connu et isolé avant 2011, un élément de l'actualité mondiale. Elle a contribué à éparpiller les Syriens dans de nombreux pays. Certains rentreront chez eux une fois la paix revenue, mais d'autres resteront à l'étranger, formant autant de diasporas.

À défaut de pouvoir changer l'image de despote qui apparaît si souvent quand on évoque son nom, c'est d'abord chez lui qu'Assad va devoir rassembler, faire le tri entre les multiples groupes et puissances étrangères qui l'ont épaulé dans la reconquête et qui ont gagné en légitimité sur leur coin de Syrie. Le pourra-t-il ? En a-t-il les moyens ? Il va devoir reconstruire les villes, remettre le pays debout et pas seulement au travers des images de ses soldats victorieux. Il devra démanteler les murailles mentales que la religion, grande gagnante de la guerre, a érigées dans les cerveaux et dans les âmes. Il va devoir prouver qu'avec sa victoire, il n'a pas seulement sauvé sa tête et une vision clanique du pouvoir, mais qu'il pourra aussi sauver son pays. Gagner la guerre était inespéré pour lui, gagner la paix promet d'être plus dur encore.

Notes

L'auteur a utilisé certains de ses reportages en Syrie publiés dans le magazine *Paris Match* pour compléter son ouvrage.

1. Joan Juliet Buck, « Asma al-Assad : a rose in the desert », *Vogue*, mars 2011.

2. Régis Le Sommier, « Interview d'Asma el-Assad », *Paris Match*, n° 3213, 16 décembre 2010.

3. Joshua Landis, « The Government takes off its gloves as sectarianism rears its head », blog Syria Comment, 23 mars 2011.

4. Alain Juillet, « Un service de renseignement doit être neutre », hors-série *Paris Match* « Spécial espionnage », mai 2015.

5. Joshua Landis, « The Government takes off its gloves as sectarianism rears its head », *op. cit.*

6. Abdulrahman al-Rashed, « I can win even if Damascus is destroyed », *Asharq al-Awsat,* 22 janvier 2013.

7. Benjamin Barthe, Nathalie Guibert, Yves-Michel Riols, Christophe Ayad, « L'été où la France a presque fait la guerre en Syrie », *Le Monde*, 15 février 2014.

8. Interview du président syrien Bachar el-Assad par Barbara Walters, ABC News, 7 décembre 2011 (www.youtube.com/watch?v=8s8UrZhkJRQ).

9. Régis Le Sommier, « Le président syrien Bachar el-Assad reçoit *Paris Match* », *Paris Match*, n° 3420, 4 décembre 2014.

10. Jean-Pierre Perrin, *La mort est ma servante*, Paris, Fayard, 2013.

11. David W. Lesch, *The New Lion of Damascus*, New Haven, Yale University Press, 2005.

12. « Syrie-Irak. Entretien de M. Laurent Fabius, ministre des Affaires étrangères et du Développement international, avec Europe 1 », *France Diplomatie*, déclarations officielles, Paris, 5 décembre 2014.

13. Georges Malbrunot, Christian Chesnot, *Les Chemins de Damas. Le dossier noir de la relation franco-syrienne*, Paris, Robert Laffont, 2014.

14. Michel Goya, « Tempête rouge : enseignements opérationnels de deux ans d'engagement russe en Syrie », blog La voie de l'épée, 12 septembre 2017.

15. Acronyme kurde qui désigne les Unités de protection du peuple.

16. « "Are you incapable of shame ?" Samantha Powers criticises Syria, Iran and Russia over Aleppo » (vidéo), *The Guardian*, 14 décembre 2016.

17. « Syrie, situation à Alep – conférence de presse conjointe de Jean-Marc Ayrault et Staffan de Mistura, propos de Jean-Marc Ayrault », *France Diplomatie*, 15 décembre 2016.

18. Aron Lund, « The fall of Eastern Aleppo », *IRIN News*, 13 décembre 2016.

19. « Aleppo is experiencing its darkest days – Remarks to the press by Mr François Delattre, permanent representative of France to the United Nations », Représentation

permanente de la France auprès des Nations Unies à New York, 13 décembre 2016.

20. « Mosul's bloodbath : "We killed everyone, ISIS, men, women, children" », site Internet Middle East Eye, 26 juillet 2017.

21. Liz Sly, Tamer El-Ghobashy, « US-led airstrikes block ISIS fighters escaping under a Hezbollah-brokered deal », *Washington Post*, 30 août 2017.

22. Robert F. Worth, « Aleppo after the fall », *New York Times Magazine*, 24 mai 2017.

23. *Ibid.*

24. Philippe Jottard, « Syrie : pourquoi Bachar el-Assad gagne la guerre », site Internet Le Vif, 10 septembre 2017.

25. Robert F. Worth, « Aleppo after the fall », *op. cit.*

26. *Le Figaro*, 22 juin 2017.

27. « Syrie : Damas tenu pour responsable d'une attaque au gaz sarin en avril », commission d'enquête de l'ONU, Centre d'actualités de l'ONU, www.un.org/apps/newsFr/storyF.asp?NewsID=40097#.WfYwkcmDO7Y

28. ONU, résolution 687 du 3 avril 1991, www.un.org/french/Depts/unscom/SRES687.pdf

29. Aron Lund, « No justice for Khan Sheikoun », The Century Foundation, 6 novembre 2017.

30. George Orwell, « Réflexions sur la guerre d'Espagne », in *Essais, articles, lettres*, vol. II (1940-1943), Paris, Ivrea, Éd. de l'Encyclopédie des nuisances, 1996, p. 315-318.

31. David Ignatus, « What the demise of the CIA's anti-Assad program means » (Opinion), *Washington Post*, 21 juillet 2017.

32. Michael G. Vickers, « The Trump administration should not give up on removing Assad in Syria » (Opinion) *Washington Post*, 23 juillet 2017.

33. David E. Sanger, « Rebel Arms flow is said to benefit

jihadists in Syria » (Middle East), *New York Times*, 14 octobre 2012.

34. Président Trump, conférence de presse au Koweït, 7 septembre 2017.

35. Fabrice Balanche, « Not money alone : the challenges of Syrian reconstruction », *The Washington Institute for Near East Policy*, 9 août 2017.

36. Robert Ford, « Keeping out of Syria, the least bad option », *Foreign Affairs*, novembre-décembre 2017.

Table

RÉALISATION : PAO ÉDITIONS DU SEUIL
IMPRESSION : CPI FIRMIN-DIDOT À MESNIL-SUR-L'ESTRÉE (27)
DÉPÔT LÉGAL : JANVIER 2018 N° 136368 (144220)
IMPRIMÉ EN FRANCE